바가바드 기타

흔들림 없는 믿음으로 찾아가는 삶의 진리

청소년 철학창고 39

바가바드 기타 흔들림 없는 믿음으로 찾아가는 삶의 진리

초판 1쇄 인쇄 2018년 11월 20일 | 초판 1쇄 발행 2018년 11월 28일

풀어쓴이 한혜정
펴낸이 홍석 | 기획 채희석 | 전무 김명희
인문편집부장 김재실 | 편집 이진규 | 표지 디자인 황종환 | 본문 디자인 서은경
마케팅 홍성우·이가은·김정선·배일주 | 관리 최우리
펴낸곳 도서출판 풀빛 | 등록 1979년 3월 6일 제8-24호
주소 03762 서울시 서대문구 북아현로 11가길 12 3층
전화 02-363-5995(영업), 02-362-8900(편집) | 팩스 02-393-3858
홈페이지 www.pulbit.co.kr | 전자우편 inmun@pulbit.co.kr

ISBN 979-11-6172-726-4 44150
ISBN 978-89-7474-526-4 (세트)

이 도서의 국립중앙도서관 출판예정도서목록(CIP)은 서지정보유통지원시스템 홈페이지(http://seoji.nl.go.kr)와
국가자료공동목록시스템(http://www.nl.go.kr/kolisnet)에서 이용하실 수 있습니다. (CIP제어번호: CIP2018034779)

바가바드 기타

흔들림 없는 믿음으로 찾아가는 삶의 진리

한혜정 풀어씀

'청소년 철학창고'를 펴내며

우리 청소년이 읽을 만한 좋은 책은 없을까? 많은 분들이 이런 고민을 하셨을 겁니다. 그러면서 흔히들 고전을 읽어야 한다고 합니다. 하지만 서점에 가서 책을 골라 보신 분들은 느꼈을 겁니다. '청소년의 지적 수준에 맞춰서 읽힐 만한 고전이 이렇게도 없는가.'라고.

고전 선택의 또 다른 어려움은 고전의 범위가 매우 넓다는 것입니다. 청소년 시기에는 시간과 능력의 한계 때문에 그 많은 고전들을 모두 읽을 수 없습니다. 그렇다면 어떤 책을 읽어야 할까요?

이런 여러 현실적인 어려움을 고려해 기획한 것이 풀빛 '청소년 철학창고'입니다. '청소년 철학창고'는 고전의 핵심이라 할 수 있는 '철학'에 더 많은 무게를 실었습니다. 그 이유는 무엇일까요?

사람들은 일반적으로 철학을 현실과 동떨어진 공리공담이나 펼치는 학문이라고 생각합니다. 하지만 철학적 사고의 핵심은 사물과 현상을 다양하게 분석하고 종합해서 그 원칙이나 원리를 찾아내는 것입니다. 그래서 철학은 인간과 세상에 대해 깊이 있게 생각하고, 논리적으로 종합하는 능력을 키워 줍니다. 그런 만큼 세상과 인간에 대해 눈떠 가는 청소년 시기에 정말로 필요한 공부입니다.

하지만 모든 고전이 그렇듯이 철학 고전 또한 읽기가 쉽지 않습니다. 그래서 '청소년 철학창고'는 청소년의 눈높이에 맞추기 위해 선정에서부터 원문 구성에 이르기까지 많은 노력을 기울였습니다.

첫째, 책을 선정하는 과정에서부터 엄격함을 유지했습니다. 동양·서양· 한국 철학 전공자들이 많은 회의 과정을 거쳐, 각 시대마다 동서양과 한국을 대표하는 철학 고전들을 엄선했습니다. 특히 우리 선조들의 사상과 동시대 동서양의 사상들을 주체적인 입장에서 비교하고 검토할 수 있도록 했습니다.

둘째, 고전 읽기의 참다운 맛을 살리기 위해 최대한 원문을 중심으로 구성했습니다. 물론 원문 읽기의 어려움을 해결하기 위해 새롭게 번역하고 재정리했습니다. 그리고 청소년이라면 누구나 어렵지 않게 읽으면서 고전이 주는 의미와 내용을 이해할 수 있도록 설명을 덧붙였고, 전체 해설을 통해 저자의 사상과 전체 내용을 다시 한 번 정리해 주었습니다.

마지막으로 쉬운 것부터 읽기 시작해 점차 사고의 폭을 넓혀 가도록 난이도에 따라 세 단계로 구분했습니다. 물론 단계와 상관없이 읽고 싶은 순서대로 읽어도 됩니다.

우리 선정위원들은 고전 읽기의 진정한 의미가 '옛것을 되살려 오늘을 새롭게 한다(溫故知新).'는 데 있다고 생각합니다. '청소년 철학창고'를 통해 자라나는 청소년들이 인간과 사물에 대한 깊은 통찰력을 키워, 밝은 미래를 열어나갈 수 있기를 진정으로 바랍니다.

2005년 2월

선정위원 허우성(경희대 교수, 동양 철학)   윤찬원(인천대 교수, 동양 철학)
정영근(서울산업대 교수, 한국 철학)   허남진(서울대 교수, 한국 철학)
이남인(서울대 교수, 서양 철학)   한자경(이화여대 교수, 서양 철학)

들어가는 말

우리는 하고 싶은 대로 하며 살고 있을까? 그렇다고 할 수 있다. 먹고 싶은 것이 있으면 먹을 수 있고 가지고 싶은 것이 있으면 가질 수 있다. 친구와 친해지고 싶으면 노력해서 친해질 수 있고 숙제나 공부를 하다가 놀고 싶으면 할 일을 잠깐 미루고 놀 수도 있다. 그런데 한편으로 생각하면 마음대로 하지 못하며 살고 있기도 하다. 일단 이 세상에 태어나는 것부터가 마음대로 할 수 있는 일이 아니다. 누구나 부잣집에 잘생긴 외모로 태어나고 싶고, 공부를 잘해서 1등을 하고 싶지만 그것도 마음대로 되지 않는다. 먹고 싶은 것이 있으면 먹을 수 있고 가지고 싶은 것이 있으면 가질 수 있는 사람이 있는가 하면, 뭐든 마음대로 하지 못하는 사람도 많다.

자기 마음대로 살 수 없을 때 우리는 속상해하고 짜증 내고 불만족스러워한다. 갑자기 건강을 잃거나 사고를 당하는 큰 불행이 닥치기라도 하면 한순간에 절망하고 낙담한다. 가족이나 가까운 사람 중에 갑자기 세상을 떠나는 사람이 있으면 극심한 슬픔에 휩싸일 것이다. 이처럼 인간은 태어남과 죽음, 행복과 불행, 기쁨과 슬픔 그 어느 것도 마음대로 선택할 수 없다.

이런 세상에서 우리는 어떻게 살아야 할까? 불평하고 원망하고 짜증 내며 사는 게 답은 아닐 것이다. 그렇다면 이미 많은 것이 결정되어 있는 세상에 순응하면서 살아야 할까? 진정 인간은 이런 얽매임에서 벗어나 자유로울 수 없을까?

인도 힌두교 경전의 하나인 《바가바드 기타》는 바로 이 문제에 '자유롭게 살 수 있다.'라고 대답한다. 그러면 그 방법은 무엇일까? 인도 고대어인 산스크리트어로 '거룩한 자의 노래' 혹은 '신의 노래'라는 뜻을 가진 《바가바드 기타》는 기원전 4~5세기경에 기록된 것으로 추정되는데, 대서사시 《마하바라타》의 한 부분으로 수록되어 있다. 《바가바드 기타》는 우리가 보고 듣는 이 세상은 단지 자연이 일으키는 다양한 변화일 뿐이고 그냥 흘러가는 것이기 때문에 그로 인해 마음이 흔들릴 필요가 없다고 말한다. 우리가 보고, 듣고, 느끼는 현재의 세상은 진짜 세상이 아니고 진짜는 따로 있으며, 그것을 깨달으며 세상으로부터 자유로워진다고 말이다.

그렇다면 현재 삶은 진짜가 아니고 아무런 의미도 없으니 아무렇게나 살아도 된다는 말인가? 물론 그렇지 않다. 현재의 삶에서 최선을 다하는 것이야말로 진정한 자유를 얻는 길이라고 《바가바드 기타》는 말한다. 다만 어떤 행위를 하든 결과에 대한 집착, 세상의 성공이나 부의 축적 같은 욕심을 버려야 한다. 우리가 겪는 기쁨과 슬픔, 성공과 실패, 즐거움과 괴로움 가운데 그 어느 것도 바라면 안 된다면서 이 모두를 내려놓고 버려야 한다고 말한다. 하지만 그것은 쉬운 일이 아니다. 그렇다면 어떻게 해야 할까?

《바가바드 기타》를 통해 '삶이란 무엇인가', '어떻게 자유로워질 수 있는가'에 대한 하나의 해답을 들을 수 있다. 그것이 정답인지는 아무도 모른다. 다만 해답에 이르는 과정에서 사신만의 납을 찾을 수 있을 것이다. 그런 기대 때문에 풀어쓴 이도 이 책을 시작했고, 독자들 또한 그러시기를 바라는 마음뿐이다. 많은 청소년 독자들께서 《바가바드 기타》를 통해 더 나은 삶의 지혜, 더 자유로운 삶을 얻을 수 있다면 풀어쓴 이는 더할 나위 없이 기쁘겠다.

2018년 11월
한혜정

| 차례 |

용어 해설

《바가바드 기타》(이하 《기타》로 칭함)에는 익숙하지 않은 용어들이 많이 나온다. 《기타》의 내용을 이해하는 데 필요한 용어를 살펴본다.

| 브라흐만과 아트만 |

《기타》는 우리가 보고 듣는 세계는 가짜이고, 진짜 세계가 따로 있다고 말하는데 그 진짜 세계를 '브라흐만'이라고 부른다. 브라흐만은 산스크리트어로 '넓게 퍼져 있다'라는 뜻으로, 인간의 사고를 초월하여 온 우주에 편재해 있는 진짜 세계를 지칭하기도 하고, 카스트 제도의 제일 높은 계급을 가리키기도 하며, 종교를 일컫는 말이기도 하다. '아트만'은 진짜 세계를 알아볼 수 있는 진짜 마음을 말한다. 브라흐만이나 아트만은 생각하고 표현할 수 있는 모든 것을 초월하여 존재하기 때문에 인간의 생각만으로는 이해하거나 설명할 수 없다.

| 푸루샤와 프라크리티 |

인간이 진짜 세계를 보지 못하는 까닭은 육체를 가지고 사는 한 이

기적인 욕망에서 벗어날 수 없기 때문이다. 몸으로 말미암아 일어나는 행동, 생각, 감정을 '프라크리티'라고 한다. 인간은 프라크리티에 의해 자신의 행동, 생각, 느낌이 일어남을 분명히 알고, 이를 자유자재로 조종할 수 있어야 진짜 세계를 볼 수 있다.

한편 자신의 행동, 생각, 느낌이 프라크리티의 작용임을 깨달을 때 마음에서 보게 되는 것을 '푸루샤'라고 한다. 푸루샤와 아트만은 인간의 진짜 마음을 가리킨다는 점에서는 같지만, 브라흐만과 관련되었을 때는 아트만, 프라크리티의 작용을 극복했을 때 보게 되는 진짜 마음인 경우에는 푸루샤라고 한다. 이를 그림으로 나타내면 아래와 같다.

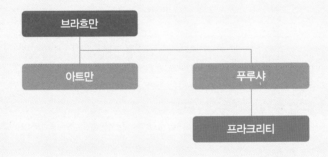

| 구나 - 삿트바, 라자스, 타마스 |

《기타》는 사람들이 진짜 세계를 볼 때 나타나는 차이를 '구나'라는

용어로 설명한다. 구나는 쉽게 말하면 기질이다. 차분한 사람, 활동적인 사람, 화를 잘 내는 사람 등 사람마다 기질이 다르기 때문에 진짜 세계를 보는 데에도 차이가 생긴다는 것이다. 《기타》는 기질, 즉 구나가 다음과 같은 세 가지 기운으로 구성된다고 설명한다.

삿트바 밝고 순수하며 평화로운 기운.
라자스 욕망과 집착에서 생기는 격정적인 기운.
타마스 무지에서 비롯된 어두운 기운.

세 기운은 균형 상태와 불균형 상태를 오간다. 세 구나가 균형을 유지할 때는 현상적인 우주 전체가 가능성 상태로 존재하지만, 힘의 균형이 깨지는 순간 세계와 마음이 다양한 양상으로 전개된다.

| 카르마 요가, 즈나나 요가, 박티 요가 |

《기타》는 다양한 종교에서 실천하는 어떤 수행 방법이든, 모두 진짜 세계를 보기 위한 방법이 될 수 있다고 말한다. 굳이 종교적 방법이 아니어도 마찬가지다. 그러면서 일상에서 행할 수 있는 세 가지 요가 방법을 제시한다.

카르마 요가 행위를 하면서도 그 굴레에서 벗어날 수 있는 수행 방법. 행위의 결과에 대한 집착을 버리면 행위에 속박되지 않고 행위의 결과에도 영향을 받지 않는다. 완전한 자유에 이르려면 이 훈련을 통해 완전한 포기 상태에 도달해야 한다.

즈나나 요가 인간은 완전한 포기를 달성하기 위해서 행위에 대한 집착을 버리되, 이유와 목적을 항상 인식하면서 지혜로운 마음을 가지도록 노력해야 한다. 즈나나 요가는 지혜로운 마음을 갖기 위해 경전 공부나 명상을 통해서 정신을 갈고닦는 것을 말한다.

박티 요가 행위의 결과에 대한 집착을 버리고, 지혜로운 마음을 가지기 위한 자신의 노력이 가치가 있음을 믿고 헌신하는 것을 말한다. 현재의 삶, 시시각각 펼쳐지는 삶의 장면들은 진짜가 아님을 굳게 믿으면서 요가를 실천하며 살아가는 것을 가리킨다.

카르마 요가, 즈나나 요가, 박티 요가는 각각 존재하는 것이 아니라 동일한 목표를 향해 있는, 연결된 행위이다. 사람마다 타고난 기질과 사고력, 감성이 다르므로 각자 맞는 방법이 있다. 이성적이고 사고력이 강한 사람은 즈나나 요가, 활동성이 있는 사람은 카르마 요가, 감성이 풍부한 사람은 박티 요가가 적합할 수 있다. 그러나 사고력, 활동성, 감성은 인간이라면 누구나 가지고 있으니, 세 가지 요가는 한 방향을 가리키고 함께 이루어져야 한다.

등장인물

드리타라슈트라 쿠루족의 장남이지만 장님이라 통치할 자격이 없다고 생각해서 동생 판두에게 왕위를 양보한다. 하지만 동생이 은둔하면서 왕국을 자신에게 맡기자 왕국을 절반으로 나누어 판다바 왕국은 동생의 아들들에게 넘기고, 지신은 카우라바 왕국만 다스린다. 100명 정도의 아들을 두었고 맏아들은 두료다나다.

판두 드리타라슈트라의 동생으로 왕권을 물려받았지만 저주에 걸려 은둔한다. 유디슈티라, 비마, 아르주나, 나쿨라, 사하데바 등 다섯 아들을 두었다.

두료다나 드리타라슈트라의 맏아들로 판다바 왕국을 넘겨받은 사촌들을 질투해서 전쟁을 일으킨다.

유디슈티라 판두의 맏아들이면서 아르주나의 형으로 판다바 왕국의 왕이다.

아르주나 유디슈티라의 동생으로, 형의 왕권을 찾기 위한 전쟁에 참여하지만 친족을 적으로 삼은 전쟁에 참여하는 것에 대해 고민하는 《기타》의 주인공이다.

크리슈나 아르주나의 전차 몰이꾼이면서 아르주나를 깨달음으로 이끄는 스승이자 신이다. 힌두교에서는 진짜 세계인 브라흐만이 현상 세계에서 모습을 드러낸 인격신을 '이슈바라'라고 부르는데, 이 신이 가진 여러 능력 중에 현상 세계를 유지하고 지탱하는 능력을 '비슈누'라고 한다. 비슈누는 세상에 진리가 쇠퇴할 때마다 세상을 구원하기 위하여 인간의 모습을 하고 온다. 처음에는 전차 몰이꾼으로 등장했다가 영적인 스승으로, 마침내 브라흐만의 모습을 드러내며 아르주나에게 가르침을 베푸는 크리슈나는 비슈누가 인격화되어 나타난 신이다.

산자야 드리타라슈트라의 신하로 장님인 드리타라슈트라에게 두료다나 형제와 유디슈티라 형제 간의 전쟁이 어떻게 진행되는지 상세하게 이야기해 주는 《기타》의 화자.

| 일러두기 |

1. 이 책의 원문은 The Bhagavadgita(Radhakrishnan S., Harper & Row, 1973), THE BHAGAVAD GITA(Easwaran E.,
   Morison D., Penguin India, 1996) 등 영역본과 《바가바드기타》(김희성, 현음사, 1984), 《바가바드 기타》(한석헌,
   한길사, 1996), 《바가바드 기타》(임승택, 경서원, 1998), 《바가바드 기타》(정창영, 시공사, 2000) 등 국역본, 그
   리고 풀어쓴 이가 번역하고 해설한 《생활 속의 바가바드 기타》(제온365, 2016)를 참조했다.
2. 제목이나 소제목에서는 《바가바드 기타》로, 그 외에는 대체로 《기타》로 줄여서 표기했다.
3. 독자들의 이해를 돕기 위해 풀어쓴 이가 내용을 훼손하지 않는 범위에서 원문을 일부 삭제하거나
   비슷한 내용을 묶어 간략하게 구성했고, 총 18장으로 구성된 장을 10장으로 재구성하여 각 장마다
   새로 제목을 달았다. 각 장 앞에는 대화만으로 짐작하기 어려운 이야기의 배경을 설명했고, 원문
   아래에는 이에 대한 해설을 담았다.
4. 원문에는 각 장, 구절마다 번호가 매겨져 있지만 이 책에서는 생략했다.
5. 《기타》는 주인공인 아르주나와 크리슈나의 대화로 이루어져 있는데, 아르주나의 간단한 질문에 비
   하여 크리슈나의 대답은 길다. 크리슈나의 대답이 지나치게 긴 경우, 중간에 아르주나의 적절한 질
   문을 넣어서 읽는 사람의 이해를 돕고자 했다. 반대로 아르주나의 말이 길게 이어지면 중간에 크리
   슈나의 질문을 임의로 넣기도 했다. 두 가지 경우 모두 (추가)라고 표시했다.

1장

/

전쟁을
피하고 싶은 마음

/

'거룩한 자의 노래' 혹은 '신의 노래'라는 뜻의 《바가바드 기타》는 인도 바라타 부족의 전쟁 이야기를 그린 《마하바라타》라는 대서사시의 한 부분으로, 쿠루족의 판다바 왕국과 카우라바 왕국 사이의 전쟁을 배경으로 하고 있다. 쿠루족의 왕권은 원래 드리타라슈트라에게 있었는데 그는 장님이라서 통치할 자격이 없어 동생인 판두가 왕이 되었다. 그러나 판두는 저주에 걸려 왕권을 포기하고 아내, 자식과 함께 히말라야로 들어가 은둔 생활을 하게 된다. 그 바람에 드리타라슈트라가 왕권을 임시로 넘겨받았다가 판두가 일찍 죽자 그의 다섯 아들인 유디슈티라, 비마, 아르주나, 나쿨라, 사하데바를 맡아서 길렀다. 그리고 판두의 첫째 아들인 유디슈티라가 성년이 되자 쿠루족의 정식 후계자가 되었다.

그런데 드리타라슈트라의 맏아들인 두료다나가 그들을 질투하여 판두의 아들들이 살고 있는 궁궐에 불을 질렀다. 판두의 아들들과 그들의 어머니 쿤티 왕비는 밀고자의 도움으로 무사히 도망쳐서 종교 수행자처럼 변장하고 온갖 고난을 겪으면서 떠돌이 생활을 한다. 그러다가 이웃 나라 왕이 활쏘기로 공주의 배필을 뽑는다는 소식을 듣고 판두의 아들 중 활쏘기에 능한 아르주나가 시합에 참여해 1등을 하여, 왕국의 공주인 드라우파디를 얻었다. 형제간의 다툼을 피하기 위하여 드라우파디는 다섯 형제의 공동의 아내가 되었다.

그 후 드리타라슈트라는 판두의 아들들을 불러 왕국의 반을 나누어 주었다. 그들이 다스리는 나라는 점점 번성했는데, 이를 지켜보는 두료다나의 질투심이 더욱 커져서 급기야 그들을 파멸시킬 계략을 다시 꾸미게 되었다. 유디슈티라는 훌륭한 왕이었지만 도박을 즐긴다는 한 가지 약점이 있었다. 두료다나는 이 사실을 알고 사기 도박꾼을 시켜 유디슈티라로 하여금 도박에 빠져 나라 전체를 날리도록 만들었다. 두료다나는 유디슈티라에게 12년 동안 유배 생활을 하고 돌아오면 나라를 돌려주겠다고 약속했는데, 이를 지키지 않자 사촌 형제들 사이에 전쟁이 일어났다.

판다바 형제들과 카우라바 형제들은 대치하고 전쟁을 벌였는데, 《기타》는 이 전쟁에 참여한 아르주나(판두의 셋째 아들)가 크리슈나(아르주나의 전차 몰이꾼이면서 스승이자 인간으로 변신한 신)외 대화를 나누며 깨달음에 이르는 과정을 그린다. 1장은 아르주나가 전쟁 위기에 직면하자 심한 절망에 빠지는 장면으로 시작한다. 아르주나는 현재 벌어지고 있는 전쟁이 부당하게 빼앗긴 형의 나라를 되찾기 위한 명분 있는 전쟁임에도 싸움의 상대가 남이 아닌 친척, 스승, 친구들이라는 사실 때문에 괴로워한다. 전쟁에 참여하면 이들을 죽이는 죄를 범하게 되고, 전쟁에서 발을 빼면 군인으로서의 의무를 다하지 못하는 죄를 범하게 된다. 이러지도 저러지도 못하는 상황에서 아르주나는 활을 내던지고 주저앉아 크리슈나에게 자신이 어떻게 하면 좋을지 가르쳐 달라고 간절히 부탁한다.

왜 이런 전쟁 이야기를 하게 된 것일까? 여기서 전쟁은 인간의 삶을 상징한다. 흔히 "전쟁 같은 삶"이라며 삶의 고달픔을 표현하듯, 《기타》는 삶의 다양한 고통과 갈등을 전쟁터에서의 그것에 비유한다. 1장은 삶(전쟁)의 고통과 번뇌를 제시하는 이야기의 도입부라고 할 수 있다.

* * *

드리타라슈트라 산자야여, 판다바 왕국의 아들들과 내 카우라바 왕국의 아들들이 싸우기 위해 벌판에 모였다는데 어찌 되어 가고 있느냐?

산자야　두료다나 왕은 판다바 아들들의 군대가 정렬되어 있는 것을
　　　보고 스승 드로나에게 다가가 말했습니다.

　　"지금 양편의 군대가 전쟁을 하기 위하여 정렬한 채 대치해 있습
니다. 양쪽에 대치하고 있는 장수들은 모두 이름난 장군들입니다.
상대편은 전쟁 영웅으로 이름난 비마가 지휘하고 있고, 우리 군은
비슈마가 지휘하고 있습니다. 그러나 저들의 군대는 우리의 병력에
비할 바가 못 됩니다."

　　이제 전쟁의 시작을 알리는 소라 나팔 소리가 여기저기에서 힘차
게 들려오고 있습니다. 요란한 소리가 하늘과 땅을 전동시키면서 병
사들의 가슴을 찢어 놓았습니다. 싸움이 시작되자 원숭이 신 하누만
이 그려진 깃발을 날리며 전차 위에 서 있던 아르주나는 활을 뽑아
들고 크리슈나를 향해 다음과 같이 말했습니다.

아르주나　크리슈나여, 도대체 우리와 싸움을 하려고 정렬해 있는 이
　　　들이 어떤 이들인지, 이 전쟁에서 내가 싸워야 하는 자들이 누구인
　　　지 볼 수 있도록 양편 군대 사이에 나의 전차를 세워 주십시오. 사악
　　　한 두료다나를 위해 싸우려고 모인 사람들이 누구인지 이 두 눈으로
　　　확인해야겠습니다.

산자야　아르주나가 이렇게 말하자 크리슈나는 양편 군대의 한가운데

에 그의 화려한 전차를 세우고 다음과 같이 말했습니다. "아르주나여! 저기에 모인 카우라바 사람들을 보라." 그러자 아르주나는 적진에 서 있는 사람들을 자세히 바라보았습니다. 그리고 그들이 자신의 할아버지들, 아버지의 사촌 형제들, 자신의 사촌 형제들, 그들의 아들들, 스승, 친구들이라는 것을 알고 지극한 연민과 절망감에 빠져 다음과 같이 말했습니다.

아르주나 크리슈나여! 우리와 싸우려고 모여 있는 내 친족들을 보니 제 팔다리의 맥이 풀리고 몸은 떨리며 머리카락은 곤두서고 입은 바짝바짝 탑니다. 활은 손에서 미끄러져 나가고, 얼굴이 화끈거려 고개를 들 수가 없습니다. 도대체 이 전쟁은 무엇을 위한 것입니까? 전쟁에서 승리한다고 하더라도 친족, 스승, 친구를 죽이고서 어떻게 행복할 수 있겠습니까?

크리슈나 아르주나여, 어씨 이 중요한 순간에 그렇게 나약한 말을 하는가? (추가)

아르주나 크리슈나여! 나는 승리도, 왕국도, 쾌락도 원하지 않습니다. 왕국이 도대체 무엇이며 쾌락이 또한 무엇입니까? 우리가 전쟁을 해서 왕국을 차지하고 영토를 확장하려는 것은 모두 친족이나 친지들을 위한 것인데 저들은 도대체 누구를 위해서 싸우려는 것입니까? 저기서 있는 큰아버지, 작은아버지, 사촌 형제들, 스승이나 친구들이 저를 죽인다고 해도 저는 그들을 죽일 수 없습니다. 그들을 죽여서 왕국을 얻는다 한들 그것이 무슨 영화를 가져다줄 수 있단 말입니까?

크리슈나여! 당신도 생각해 보십시오. 저기 큰아버지의 아들들을 죽이고 어찌 우리가 행복할 수 있겠습니까? 저들을 죽인다면 우리는 죄를 짓게 될 뿐입니다. 비록 저들은 마음이 탐욕으로 덮여 자신들이 가문을 파괴하고 친지와 친구들을 배반하는 죄를 짓고 있음을 깨닫지 못하겠지만, 그것이 명백히 범죄라는 것을 아는 우리가 어떻게 그런 짓을 할 수 있겠습니까? 가문이 파괴되면 가문의 법도가 사라지며 가문의 법도가 사라지면 온 집안이 무법천지가 됩니다. 그렇게 되면 우리는 모두 지옥에 떨어지고 말 것입니다.

아아! 왕권을 휘두르는 쾌락을 탐하여 친족을 죽이려 하다니요! 이것은 말도 안 되는 일이며 엄청난 죄악입니다. 차라리 제가 무장하지 않고, 저항도 하지 않은 채 큰아버지의 아들들에 의하여 죽임을 당한다면 그것이 저에게는 더 행복한 일일 것입니다.

산자야 아르주나는 깊은 슬픔에 빠져 이렇게 말한 후 활과 화살을 던져 버리고 전차에 털썩 주저앉았습니다.

＊　　＊　　＊

　우리는 자신의 선택이나 의지와 상관없이 모든 것이 결정된 상태에서 이 세상에 태어난다. 어떤 국가, 어떤 지역, 어떤 가정에 태어날지에 대한 선택의 여지가 없으며, 외모, 건강, 성향 등 신체적·정신적 조건에 대해서도 선택권이 없다. 나이가 들어 늙고 병들어 죽는 것 역시 누구도 피할 수 없으며, 태어나서 죽을 때까지 자신의 의지대로 할 수 있는 일도 사실은 그렇게 많지 않다. 이러한 삶은 어쩔 수 없이 사람을 죽여야 하는 전쟁 상황과 매우 닮아 있다. 우리는 언제 끝날지 모르는 '전쟁 같은 삶' 속에 갇혀 하루하루를 전쟁 치르듯 살고 있다.

　그런데 삶을 살다 보면 아주 큰 슬픔이나 불행을 만날 때가 있다. 그러면 '왜 나에게만 이런 일이 일어날까', '앞으로 이 일을 어떻게 헤쳐 나가야 할까' 한탄하며 절망감에 빠지는 경우가 있다. 모든 것을 그만두고 싶기도 하고 누군가를 원망하며 삶에서 도망치고 싶어지기도 한다. 1장에서 친족과의 전쟁을 앞두고 이러지도 저러지도 못하면서 활과 화살을 집어 던지는 아르주나의 상황은 인간이 전쟁 같은 삶에 지쳐 삶에서 도망치고 싶은 순간을 비유적으로 표현한 것이다. 자, 그러면 이 진퇴양난의 절망을 극복하기 위해 무엇을 어떻게 해야 하는지 다음 장으로 넘어가 보자.

2장
/

전쟁에 직면하여
싸워야 하는
인간의 운명

/

크리슈나는 전쟁에 참여하지 않겠다는 아르주나에게 "나가서 싸워라!"라고 명령한다. 전쟁에 참여하지 않겠다는 것은 곧 삶으로부터 도피를 의미하기 때문이다. 아르주나에게 크리슈나는 누구나 주어진 삶에서 벗어날 수 없으니, 슬퍼하거나 고민할 필요도 없는 것(주어진 삶이나 전쟁)을 고민하는 것은 어리석고 잘못된 행동이라고 말한다. 그러면서 크리슈나는 아르주나에게 삶과 정면으로 맞서야 하는 진정한 이유를 설명한다.

인간은 끊임없이 변하면서도 모든 것이 결정되어 있는 이 세상이 진실이라고 생각한다. 그래서 세상의 변화에 맞서려 하지 않고 순응하며 고통스럽게 산다. 그러나 우리가 보고 느끼며 감각으로 경험하는 세상은 가짜 세상이며 인간의 지혜로 깨닫게 되는 진짜 세상은 따로 있다. 그러므로 진짜 세상에 대한 지혜를 갖추면 고통과 속박에 가득 찬 삶으로부터 자유로워진다는 것이다.

이렇게 2장에서는 가짜 세상의 고통스러운 삶에서 벗어나 어떻게 자유롭게 살 수 있는지에 대한 《기타》의 전체 메시지가 압축적으로 제시된다. 3장부터 마지막까지는 2장에서 제시한 진정한 삶(자유로운 삶)의 깨달음을 위해 주고받는 아르주나의 다양한 질문과 그에 대한 크리슈나의 대답으로 이루어진다. 아르주나가 제기하는 질문에 크리슈나가 적절히 대답하는 문답 속에서 아르주나의 삶에 대한 이해는 자연스럽게 깊어져 마침내 깨달음에 이른다.

❊   ❊   ❊

산자야 이렇듯 연민에 사로잡혀 눈에 눈물이 가득하여 낙담하고 있는 아르주나에게 크리슈나는 다음과 같이 말했습니다.

크리슈나 아르주나여, 이런 급박한 상황에서 어찌 그렇게 나약한 마음을 가진단 말인가? 이것은 왕자로서 수치스러운 일이다. 나약한 마음을 가지지 마라. 이것은 그대에게 어울리지 않으니, 나약한 마음을 버리고 일어나라.

아르주나 크리슈나여, 제가 어떻게 존경스러운 저 스승님들을 상대로 싸울 수 있겠습니까? 저렇게 훌륭한 스승님들을 죽이느니 차라리 평생을 거지처럼 빌어먹는 편이 낫겠습니다. 이 전쟁에서 우리가 이기는 것이 좋은지, 아니면 저들이 이기는 것이 좋은지 판단하기 어렵습니다. 사촌 형제들이 우리와 싸우기 위하여 대치하고 있지만 그들을 죽이고 나면 우리도 살고 싶은 마음이 없어질 것입니다.

정말 어찌해야 합니까? 지금 이 상황에서 제가 어찌하는 것이 좋겠습니까? 크리슈나, 당신을 스승으로 모시고자 하니 제발 가르쳐 주십시오. 이 세상에서 어느 것과도 비할 수 없는 거대한 왕국과 권력을 얻을지라도 제 감각을 다 말려 버릴 것 같은 이 괴로움을 제거할 수는 없을 것 같습니다.

산자야 위대한 전사 아르주나는 크리슈나에게 이렇게 말한 후 "크리슈나여, 나는 싸우지 않겠습니다."라고 말하고 입을 다물었습니다. 그러자 크리슈나는 양 진영 한가운데에서 낙담하고 있는 아르주나를 보고 웃으면서 다음과 같이 말했습니다.

크리슈나 그대의 말은 그럴듯하다. 하지만 그대는 슬퍼할 이유가 없는 것을 슬퍼하고 있다. 지혜로운 사람은 산 자를 위해서도, 죽은 자를 위해서도 슬퍼하지 않는다. 그대와 나와 여기 모여 있는 왕들은 항상 존재하고 있었으며 앞으로도 영원히 존재할 것이다. 인간은 유년기, 장년기, 노년기의 몸을 차례로 거치고, 죽은 다음에는 죽은 다음의 몸을 입는다. 지혜로운 사람은 이런 변화에 현혹되지 않는다.

사람은 감각 기관과 감각 대상의 접촉에 의해 차가움과 뜨거움, 즐거움과 괴로움을 경험하지만, 이런 경험은 흘러가는 것이다. 일시적으로 왔다 갈 뿐이니 참고 견뎌야 한다. 이런 변화에 동요하지 않고 즐거움과 괴로움을 동일하게 여기는 사람이 진정 지혜로운 사람이며 영원한 생명을 얻기에 합당한 사람이다.

아르주나   크리슈나여, 무슨 말씀이신지 잘 모르겠습니다. (추가)

크리슈나   자기가 누군가를 죽인다고 생각하는 사람이나 누군가가 자기를 죽인다고 생각하는 사람은 둘 다 무지한 사람이다. 죽는 것도 죽임을 당하는 것도 없기 때문이지. 그대는 태어난 적도 없으며 죽지도 않는다. 그대는 결코 변하지 않는다. 태어나지도 않고 변하지도 않으며 태고부터 존재한 영원한 그것은 육체가 죽는다고 해도 죽지 않는다.

자기가 태어나지도 않고 변하지도 않으며 죽지도 않는 영원한 존재임을 깨달은 사람이 어떻게 다른 사람을 죽이거나 죽일 수 있다고 생각하겠는가? 낡은 옷을 벗어 버리고 새 옷으로 갈아입듯이 육체 속에 있는 잠자아는 육신이 낡으면 낡은 몸을 벗어 버리고 새 몸으로 갈아입는다.

참자아는 칼로 벨 수 없고 불에 타지 않으며 물에도 젖지 않고 바람으로 말릴 수도 없다. 참자아는 영원하고 무한하며 움직이지 않고 영속한다. 참자아는 겉으로 드러나 있지 않으며 헤아릴 수 없으며 변하지도 않는다. 그대는 이런 사실을 깨닫고 슬픔에서 벗어나도록 하라.

우주 만물 속에 충만하게 깃들어 있으며 결코 없어지지 않는 브라흐만을 깨닫도록 하라. 브라흐만은 어떤 힘으로도 없애 버릴 수 없다. 몸은 없어지지만 몸속에 있는 아트만은 영원히 죽지 않는다. 그러니 아르주나여, 나가서 싸워라.

아르주나여, 사람은 태어남과 죽음에 종속된 존재이지만 그것으로 인하여 슬퍼해서는 안 된다. 왜냐하면 태어나면 반드시 죽고, 죽으면 다시 태어나기 때문이다. 태어나고 죽는 것은 피할 수 없는데 죽음 때문에 슬퍼할 필요가 있는가?

아르주나여, 슬퍼하지 말고 모든 존재의 몸속에 존재하는 아트만을 깨닫도록 하라. 아트만은 영원하며 결코 죽일 수 없다. 그러니 슬퍼하지 말고 그대의 의무를 흔들림 없이 행하라. 군인의 의무는 정의를 위해 싸우는 것뿐이다.

아르주나 군인의 의무를 다한다고 하여 어찌 친족을 살해할 수 있겠습니까? 도저히 그럴 수는 없습니다. (추가)

크리슈나 아르주나여, 군인은 정의를 위한 전쟁에 참여하게 된 것을 기뻐해야 한다. 전쟁에서 자신의 의무를 다함으로써 하늘나라에 들어갈 기회를 얻기 때문이다. 그대가 정의를 위한 이 전쟁에 참여하지 않는다면 그것은 죄를 짓는 것이고 의무를 저버리는 것이며 그대의 명예를 더럽히는 것이다. 그러면 사람들은 그대의 수치스러운 행동에 대하여 계속 이야기할 것이다. 사람들은 그대가 겁이 나서 도망쳤다고 생각할 것이며 그대를 존경하던 자들도 그대를 경멸할 것이다. 이보다 더 고통스러운 일이 어디 있겠는가?

아르주나여, 싸우겠다는 확고한 결단을 하고 일어서라. 즐거움과 고통, 이익과 손해, 승리와 패배를 같은 것으로 보고 이 위대한 전쟁에 뛰어들어라.

아르주나 당신은 전쟁에 뛰어들라고 하시는데 아무리 생각해도 저는 이해가 되지 않습니다. (추가)

크리슈나 아르주나여, 지금까지 말한 것은 진리에 대한 이론적인 설명이다. 이제 이론을 실천하는 것, 즉 요가의 원리에 대해 말하겠다. 이 실천을 통해 그대는 행위의 속박에서 벗어날 것이다.

아르주나여, 이 길을 가는 사람은 아트만을 깨닫겠다는 오직 한 가지 목표를 향해 흔들리지 않고 전진해야 한다. 무지한 사람은 마음이 욕망으로 가득 차 있으면서 경전에 기록되어 있는 말을 최고로 여기고 갖가지 종교적 의식을 거행하지만 그들은 아트만을 깨닫지 못한다.

아트만을 깨닫기 위해서는 무언가 얻고자 하는 마음이나 얻은 것을 쌓고자 하는 욕망에서 벗어나야 한다. 그리고 자신의 의무를 다하며 살되 행위의 결과에 대한 집착은 버려야 한다. 다시 말하면, 성공과 실패를 동등하게 여기며 이기적인 욕망에 대한 집착을 버리고 자신의 의무를 행해야 한다. 마음의 평등, 이것이 요가다.

아르주나 오, 크리슈나여, 당신의 말씀대로 확고한 지혜를 갖춘 자의 언행은 어떻습니까? 그들은 어떻게 말하고 어떻게 앉으며 어떻게 걸어 다닙니까?

크리슈나 아르주나여, 그들은 모든 것에서 자기를 보고 자기 속에서 모든 것을 보는 지혜를 지닌다. 그들은 이기적인 욕망과 감각의 쾌락에 대한 갈망을 포기한 사람들이다. 고통 속에서도 마음이 흔들리지 않고 쾌락 속에서도 애착이 없는 자, 탐욕도 두려움도 분노도 다 벗어 버린 자, 그가 곧 지혜로운 자다. 어떤 것에도 애착을 가지지 않고 좋은 일을 만나든 나쁜 일을 만나든 좋아하거나 싫어하지 않는 사람, 이런 사람이 확고한 지혜를 얻은 사람이다.

　확고한 지혜를 얻은 사람은 마치 거북이가 사지를 안으로 거두어들이듯이 대상으로 향하던 자신의 감각을 거두어들인다. 아르주나여, 감각의 힘은 아주 강하다. 깨달음을 위해 구도의 길을 가는 사람도 감각의 힘에 휩쓸리기 쉽다.

아르주나　그런 상태가 어떤 상태인지 상상하기 어렵습니다. (추가)

크리슈나　모든 감각 기관을 제어하면서 그 마음을 나에게 집중하는 사람은 흔들리지 않는 지혜를 얻는다. 감각의 대상을 생각하면 그것에 대한 집착이 생기고 집착이 생기면 욕망이 생기고 그 욕망으로부터 분노가 생긴다. 분노로부터 어리석음이 생기고 어리석음으로부터 기억의 혼란이, 기억의 혼란으로부터 지성의 파멸이 생긴다. 지성이 파멸하면 삶은 황폐해진다. 감각의 세계에 살면서도 탐욕과 증오를 버린 자는 자신을 통제할 능력이 있으므로 마음의 평정을 얻는다.

아르주나　크리슈나여, 이렇게 혼란스러운 마음으로 제가 과연 그렇게 될 수 있겠습니까? (추가)

크리슈나 마음이 평정을 찾으면 모든 고통이 사라지며, 모든 고통이 사라지면 아트만에 대한 깨달음은 흔들림 없이 지속된다. 감각 기관을 제어하지 못하면 지혜와 멀어지고 집중하여 명상하지 못한다. 집중하여 명상하지 못하면 평안을 얻을 수 없는데 평안이 없다면 어찌 즐거움이 있을 수 있겠는가? 그러므로 아르주나여, 흔들림 없는 지혜로 감각의 좋아함과 싫어함에서 벗어나도록 하라.

모든 강물이 바다로 흘러들어 가지만 바다는 넘치지 않고 고요한 것처럼, 욕망을 내면의 바다로 끌어들이는 사람은 평안을 누린다. 모든 욕망을 벗어던지고 아무런 집착 없이 행하는 자, 나라는 생각도, 내 것이라는 생각조차 버린 자는 참된 평안에 이른다. 아르주나여, 이것이 브라흐만의 경지이니라. 이 경지에 도달한 사람은 미혹되지 않으며 죽을지라도 브라흐만의 열반에 들어간다.

※   ※   ※

친족과의 전쟁에 참여하는 것에 대해 괴로워하고 슬퍼하는 아르주나에게 크리슈나는 세상에서 일어나는 모든 일에 대해서 슬퍼하거나 고민할 필요가 없다고 말한다. 크리슈나가 이렇게 말할 수 있는 것은 우리가 보고 듣고 경험하며 살아가는 세계 이면에 '또 다른' 세계가 있다고 믿기 때문이다. 크리슈나는 이러한 진짜 세계를 브라흐만이라고 부른다. 우리가 어떤 마음을 가지는가에 따라 진짜 세계를 볼 수도 있고, 가짜 세계를 보고 진짜라고 생각할 수도 있다. 그렇다면 세계를 바라보는 인간의 마음도 진짜 마음과 가짜 마음이 있다고 할 수 있다. 이와 같이 진짜 세계를 알아볼 수 있는 인간의 진짜 마음을 아트만이라고 한다. 이 책에서는 아트만을 참자아로 번역하여 부르기도 한다.

　우리가 보고 듣고 느끼는 세계 이외에 다른 세계가 있다니, 이 무슨 엉뚱한 말일까? 그리고 이런 세계를 왜 알아야 하는 것일까? 그것은 우리가 보고 듣고 느끼는 세계만 알면 삶이 고통스럽고 괴롭기 때문이다. 인간은 괴롭고 고통스러운 것을 싫어하고 거기에서 벗어나고 싶어 한다. 그렇다면 인간은 어떤 경우에 괴로움과 고통을 느끼는가? 보통은 자신이 하고 싶은 일을 하지 못하거나 갖고 싶은 것을 가지지 못할 때 괴로움과 고통을 느낀다. 그렇다면 하고 싶은 일을 할 수 있고 갖고 싶은 것을 가지면 괴로움과 고통이 끝나는가? 그렇지 않다는 것은 누구나 안다. 하고 싶은 일을 하고 가지고 싶은 것을 가지더라도 그것으로 끝이 아니다. 하고 싶은 다른 일이 또 생기고 가지고 싶은 것이 또 생기니 괴로움과 고통은 끝이 없는 것이다.

　그런 까닭에 삶에서 괴로움과 고통의 근본적인 원인은 인간의 욕심과 욕망에 있는데, 인간의 욕망은 시시각각으로 변하는 외부 세계를 보고 듣고 느끼는 감각 때문에 생긴다. 시시각각으로 변하는 외부 세계는 그냥 흘러가지만, 그것을 보고 듣고 느끼는 감각으로 인해 온갖 욕망을 품게 되고 그러한 욕망 때문에 인간의 괴로움과 고통은 끝이 없는 것이다. 크리슈나의 말대로 "감각의 대상을 생각하면 그것에 대한 집착이 생기고 집착이 생기면 욕망이 생기고 그 욕망으로부터 분노가 생긴다. 분노로부터 어리석음이 생기고 어리석음으로부터 기억의 혼란이, 기억의 혼란으로부터 지성의 파멸이 생긴다. 지성이 파멸하면 삶은 황폐해진다." 이러한 괴로움과 고통에서 벗어나기 위해서는 시시각각 변하는 외부 세계의 지배를 받는 감각을 붙들어 매서 어떤 변화에도 동요하지 않는 마음을 가져야 한다. 그 마음이 곧 아트만이고, 그러한 마음을 가지고 바라보는 세계가 곧 브라흐만이다.

인간은 어떻게 해야 그러한 마음을 가질 수 있을까? 그 방법은 바로 '요가'다. 사람들은 요가를 다이어트나 신체 건강을 위한 스포츠, 혹은 정신적인 안정을 얻기 위한 수양법의 하나로 생각한다. 그러나 요가의 본래 뜻은 '마음속에서 일어나는 생각의 흐름을 통제하는 것'을 의미한다. 크리슈나의 말대로 "성공과 실패를 동등하게 여기며 이기적인 욕망에 대한 집착을 버린" 마음의 평정 상태, 그것이 곧 요가다. 그렇다면 요가 상태에 도달하는 방법이 곧 요가라는 뜻인데, 이것은 논리적 모순이 아닌가? 수단과 목적이 어떻게 같을 수 있을까?

《기타》에서 요가는 아트만(참자아)을 깨닫는 방법을 가리키기도 하고 참자아를 깨달은 상태를 가리키기도 한다. 참자아를 깨닫는 것은 100미터 달리기 경주처럼 정해진 목표에 도달하면 끝나는 게 아니고, 살아 있는 동안 매 순간마다 마음에서 일어나는 변화를 주시하면서 참자아를 깨닫기 위해 노력해야 하는 끊임없는 과정이다. 그러므로 수단과 목적을 분리하여 생각하기 어렵다. 참자아를 깨닫기 위해 노력할 때 목적 달성은 매 순간 일어나며, 수단과 목적은 분리되지 않는다. 그래서 참자아를 깨닫기 위한 방법과 참자아를 깨달은 상태를 모두 요가라고 부를 수 있는 것이다.

그렇다면 진짜 세계 브라흐만을 보기 위한, 즉 아트만을 깨닫기 위한 요가 방법이란 구체적으로 어떤 것을 말하는가? 세상에는 다양한 종교가 있고 각 종교는 나름의 수행 방법을 가지고 있다. 《기타》는 다양한 종교에서 실천하는 이런저런 수행법이 모두 진짜 세계를 보기 위한 한 방법이 될 수 있다고 말한다. 특히 《기타》는 특별한 종교적 방법이 아니더라도 우리가 일상적으로 하는 모든 생각과 말과 행위도 진짜 세계를 보기 위한 노력이 될 수 있다고 말하면서, 일상에서 행할 수 있는 세 가지 요가 방법을 제시한다. 그 세 가지는 앞에서도 설명한 카르마 요가, 즈나나 요가, 박티 요가다.

카르마 요가는 일상 속에서 자신에게 주어진 의무를 최선을 다하면서 수행하되, 결과에는 마음을 두지 않으려고 노력하는 것을 가리킨다. 즈나나 요가는 마음에서 일어나는 모든 생각이 진짜가 아니라고 생각하며 진짜를 직접 보고자 노력하는 것을 가리킨다. 박티 요가는 내가 살고 있는 지금의 삶, 시시각각으로 펼쳐지는 삶의 장면들은 가짜이고 진짜가 아님을 굳게 믿으면서 그러한 믿음에 평생 헌신하며 살아가는 것을 가리킨다.

이 세 가지 요가 중에서 크리슈나가 아르주나에게 강조하는 것은 카르마 요가다. 즉, 삶 속에서 자신에게 주어진 의무는 최선을 다하여 수행하되 결과에 대한 집착을 버리는 것이다. 《기타》에서 전쟁은 삶 자체를 가리키고 군인으로서의 의무는 인간이 각자 태어날 때부터 가지고 있는 삶의 의무를 가리킨다. 군인의 의무를 저버린다는 것은 삶의 의무를 저버리는 것을 의미한다. 크리슈나가 아르주나에게 전쟁에 참여해서 군인으로서의 의무를 다하라는 것은 전쟁에 참여해서 친족을 살해해도 된다는 뜻이 아니라, 이 세상에 태어난 이상 결정되어 있는 삶이 아무리 힘들지라도 거기에 정면으로 맞서서 자신의 의무를 다하며 살아야 함을 의미한다. 의무를 다하며 살되 행위의 결과에 대한 집착을 버리고 살라는 것이다. 그리하여 크리슈나는 아르주나에게 다음과 같이 명령한다.

"아르주나여, 싸우겠다는 확고한 결단을 하고 일어서라. 즐거움과 고통, 이익과 손해, 승리와 패배를 같은 것으로 보고(행위의 결과에 대한 집착을 버리고) 이 위대한 전쟁에 뛰어들어라(삶의 의무를 다하며 살아라)."

3장

/

전쟁에서
이기는 것에 대한 의문

/

아르주나는 왜 전쟁에 참여해야 하는지에 대하여 크리슈나로부터 기본적인 설명을 들었지만 그것을 한 번에 이해하는 것은 어려운 일이었다. 그래서 그는 크리슈나에게 이런저런 질문을 던지면서 스스로 이해하고자 노력했다. 아르주나가 크리슈나의 설명을 쉽게 이해하지 못하는 것은 너무나 당연하다. 우리가 보고 듣고 느끼는 세상은 진짜 세상이 아니며 진짜 세상은 따로 있다는 것을 금방 이해할 수 있는 사람이 어디 있을까? 어떤 행위를 하든 그 행위의 결과에 대한 집착을 버려야 한다고 하지만 그것 역시 결코 쉬운 일이 아니다. 그리고 결과에 대한 집착을 버리고 행하는 것이 어떻게 진짜 세상을 볼 수 있는 방법이 되는 걸까?

3장에서는 크리슈나의 설명을 듣고 누구나 가질 수 있는 의문에 대해서 아르주나가 질문하고 크리슈나가 답하는 방식으로 이야기가 전개된다. 아르주나의 첫 의문은 브라흐만에 대한 '지혜'나 '깨달음'을 강조하는 크리슈나가 전쟁에 최선을 다해서 참여하라, 결과를 생각하지 말고 행위하라는 등 '행위'를 강조하는 것 사이의 모순에서 시작한다. 지혜나 깨달음이 중요하다면 일상을 버리고 은둔하여 수도자가 되는 편이 맞을 텐데, 현재의 삶을 그대로 열심히 살라 하니 모순이 있다는 것이다. 의문을 가진 아르주나의 질문과 크리슈나의 대답이 이어지면서 깨달음을 향한 여정은 계속된다.

＊　　　＊　　　＊

아르주나　크리슈나여, 당신 말씀처럼 지혜가 행위보다 중요하다면 어째서 저에게 그런 끔찍한 전쟁을 하라고 하십니까? 당신의 말씀은 앞뒤가 맞지 않는 것 같아서 참으로 혼란스럽습니다. 제가 가상 좋은 것을 취할 수 있도록 한 가지로 결정하여 말씀해 주십시오.

크리슈나　내가 예전부터 말했듯이 영혼의 순수함에 이르는 길은 두 가지가 있다. 영적인 지혜를 추구하는 즈나나 요가와 이기적인 욕망이 없는 행위를 추구히는 가르마 요가가 그것이다.

단순히 행위를 포기한다고 해서 영적인 자유를 얻는 것은 아니다. 행위를 포기하면 그 누구도 완전함에 이르지 못한다. 단 한순간이라도 아무런 행위를 하지 않을 수 있는 사람은 없다. 누구나 자신의 본성, 즉 타고난 기운에 따라 끊임없이 행위하게 되어 있기 때문이다. 마음은 끊임없이 감각의 대상을 좇으면서도 겉으로는 아무런 행위를 하지 않는 사람은 자신을 속이는 사람이다. 그러나 마음으로 모든 감각 기관을 통제하면서 감각 기관의 활동을 이기적인 욕망이 없는 행위에 쓰는 사람은 진실로 뛰어난 사람이다.

그러니 아르주나여, 그대의 의무를 행하라. 행위를 하는 것이 아무것도 하지 않는 것보다 훨씬 낫다. 아무것도 하지 않으면 그대는 그대의 육신조차 지탱하기 어려울 것이다.

아르주나 행위를 하되 어떻게 해야 합니까? *(추가)*

크리슈나 신께 바치는 제사를 제외하고 세상 사람들이 하는 모든 행위는 욕망의 굴레에 얽매여 있다. 모든 행위를 신께 제물을 바치듯이 아무런 대가를 바라지 않고 행하라.

사람과 제사는 함께 창조되었다. 창조주가 사람과 제사를 함께 만들면서 "너는 제사와 더불어 번성하고 모든 소원을 이루게 될 것이다."라고 약속했다. 모든 것을 신으로 보고 어떤 대가도 바라지 말고 그들을 사랑하고 섬겨라. 그러면 신들도 그대를 사랑으로 보살펴 줄 것이며 이런 섬김과 사랑을 통해 그대는 가장 높은 선에 도달할 것이다.

신들은 그대의 순수한 사랑과 섬김을 기뻐하며 그대의 모든 소원을 이루어 줄 것이다. 신께 제물은 바치지 않고 신이 주는 선물만을 받아 즐기려는 사람은 도둑이나 마찬가지다. 자기가 먹는 음식도 신께 제물을 바치는 심정으로 먹는 사람은 죄악에서 벗어난다. 하지만 자신의 혀와 배를 만족시키기 위해 음식을 준비하고 먹는 사람은 음식이 아니라 죄악을 먹는 것이다.

아르주나 어떻게 행위를 하라는 것인지 잘 모르겠습니다. (추가)

크리슈나 이 세상에서 죄를 짓고 감각의 쾌락에 빠져 돌고 도는 바퀴를 따르는 자는 헛된 삶을 산다. 아트만(참자아)을 깨달은 사람은 자신의 아트만 속에서 늘 만족을 누린다. 자아를 완성한 자는 달리 해야 할 일이 없다. 그는 어떤 행동을 통해서 얻을 것도 없고 잃을 것도 없다는 것을 알기 때문에 누구에게 의지하지도 않고 무엇을 바라지도 않는다. 그러므로 언제나 집착 없이 그대가 해야 하는 행위를 하라. 집착 없는 행위에 헌신함으로써 깨달음과 평화에 도달할 것이다.

아르주나여, 무지한 사람은 자신의 이익에 집착하며 행위하고 지혜로운 사람은 자신의 이익에 집착하지 않고 세상의 행복을 위하여 행위를 한다. 깨달은 사람은 자비로운 마음으로 모든 일을 행함으로써 무지한 사람들이 스스로 따라오도록 만들어야 한다.

아르주나 행위에서 무지하다는 것은 무슨 뜻입니까? (추가)

크리슈나 모든 행위는 타고난 기운의 흐름에 의해 저절로 일어난다. 그러나 자의식에 사로잡힌 사람은 '내가 행위자'라고 생각한다. 하지만 본성적인 기운과 그 기운의 흐름에 따라 행위가 일어난다는 것을 아는 사람은 행위에 집착하거나 얽매이지 않는다.

모든 행위가 구나의 세 가지 기운에 의해 일어난다는 것을 모르는 사람은 행위의 결과에 집착한다. 깨달은 사람은 무지한 사람을 혼란스럽게 만들면 안 된다. 나에게 모든 것을 맡기고 지고의 자아에 대한 일념으로, 바라는 것도 이기심도 없이 나가서 싸워라! 그대의 욕망을 버리고 싸워라!

이 가르침을 항상 신뢰하고 불평 없이 따르는 사람은 행위의 굴레에서 벗어난다. 그러나 의심하고 불평하면서 이 가르침을 따르지 않는 사람들은 생각이 미혹되어 분별이 없어 몰락한다. 지혜를 지닌 사람이라도 자신의 프라크리티의 한계 안에서 행위한다. 모든 존재는 프라크리티에 종속될 수밖에 없다. 그러므로 어떤 행위를 하지 못하도록 억압하는 것은 아무 소용이 없는 일이다.

감각 기관은 어떤 대상을 좋아하기도 하고 싫어하기도 한다. 그런 느낌은 감각 기관에 남겨 놓고 그대는 그 좋고 싫은 느낌에 종속되지 않도록 하라. 좋음과 싫음, 기쁨과 슬픔, 즐거움과 괴로움 등을 분별하는 마음에 사로잡히면 깨달음에 이르지 못한다.

아르주나 크리슈나여, 사람들로 하여금 죄를 짓게 하는 힘은 무엇입니까? 자신의 의지와 상관없이 악을 행하게 만드는 그 힘은 도대체 무엇입니까?

크리슈나 욕망과 분노의 에너지가 사람들을 그렇게 만든다. 그대는 이 욕망과 분노가 악이며 이것이 위험한 적임을 알아야 한다. 아르주나여, 불이 연기에 가려지고 거울이 먼지에 가려지며 태아가 자궁에 가려져 있듯이 참된 지혜는 욕망과 분노에 가려져 있다. 도저히 만족하지 못하는 이 욕망의 불길이 지혜를 가린다.

이기적인 욕망은 감각 기관과 마음과 지성 속에 뿌리를 내려 참다운 지혜를 덮어 어둡게 만든다. 그래서 사람들은 망상에 빠진다. 그러니 아르주나여, 그대는 감각 기관을 제어함으로써 지혜와 분별력을 가리고 깨달음에 이르지 못하게 방해하는 적을 쳐부숴라. 힘을 다해 싸워라.

물질적인 육체보다 감각 기관이 우월하며 감각 기관보다 마음이 더 우월하다. 마음보다 지성이 더 우월하며 지성 위에는 아트만이 있다. 그러므로 지고한 아트만을 깨닫고 아트만이 그대의 자아를 정복하게 하라. 이기적인 욕망이라는 무서운 적을 무찔러라.

아르주나   이기적인 욕망을 무찌르는 특별한 방법이 있습니까? (추가)

크리슈나   아르주나여, 많은 사람이 나에게 자신을 바침으로써 집착과 두려움과 분노에서 벗어났으며 아트만에 대한 깨달음 속에서 정화되어 나의 상태에 이르렀다. 그들은 나와 하나가 되었다. 사람들은 여러 가지 방식으로 나에게 접근한다. 나는 그들이 어떤 길을 통해 오더라도 모두 받아들인다. 아르주나여, 사실 모든 길이 다 나에게 이르는 길이다.

세상 사람들은 자기 일이 성공하길 바라면서 저마다 자신이 선택한 신을 섬긴다. 그렇게 하면 이 세상에서 소원이 이루어지기 때문이다. 나는 행위의 결과에 집착하지 않기 때문에 어떤 행위도 나에게 영향을 미치지 못한다. 이것을 이해하고 실천하는 사람은 행위에 속박되지 않고 자유롭다. 고대의 현자들이 그랬던 것처럼 행위에 종속됨이 없이 그대의 의무를 적극적으로 수행하라.

아르주나 행위하는 것과 행위하지 않는 것의 차이는 무엇입니까? (추가)

크리슈나 이 문제에 대해서는 성현들조차도 혼돈을 겪었다. 이제 내
가 행위에 대한 비밀을 가르쳐 주겠다. 이것을 알면 그대는 모든 굴
레에서 벗어나게 되리라.

　행위의 본질을 아는 것은 참으로 어렵다. 하지만 그대는 행위하는
것과 행위하지 않는 것의 차이, 그리고 어떤 행위를 피해야 하는지
를 알아야 한다.

　깨달은 사람은 행위 가운데에서 행위하지 않음을 보고, 행위하지
않음 가운데서 행위를 본다. 이러한 사람은 가장 지혜롭고 절제된
자이며 완전한 행위자다. 깨달음을 얻은 성현들은 모든 일에 욕망과
야욕을 버린 사람, 지혜의 불로 행위에 대한 집착을 완전히 태워 버
린 사람을 지혜로운 사람이라고 불렀다. 지혜로운 사람은 외적인 상
황이 어떠하든지 항상 만족한다. 그들은 행위의 결과에 영향을 받지
않으며 행위하는 중에 아무런 행위도 하지 않는다.

　결과를 기대하지 않고 소유에 대한 욕망을 포기하고 몸과 마음이
아트만에 대한 깨달음으로 제어된 상태에서 몸이 움직이는 대로 행
동하는 사람은 무엇을 해도 죄가 되지 않는다. 그런 사람은 좋음과
싫음, 기쁨과 슬픔, 즐거움과 괴로움 등의 분별을 넘어선 자유를 누
린다. 아무하고도 디두지 않으며 성공과 실패를 평등하게 보고 무엇

이 주어지든 항상 만족한다. 그들의 마음은 이기적인 집착에서 벗어나 아트만을 아는 지혜 속에 안주한다. 그들은 모든 행위를 제사처럼 행하기 때문에 어떤 행위를 하더라도 업이 쌓이지 않는다.

아르주나 그렇게 제사처럼 행위하려면 특별한 것을 제물로 바치기도 합니까? (추가)

크리슈나 신들에게 곡식을 제물로 바치는 수행자가 있는가 하면 봉사를 브라흐만의 불에 제물로 바치는 사람도 있다. 또 어떤 수행자들은 감각의 즐거움을 포기함으로써 감각 기관을 제물로 바친다. 어떤 수행자들은 모든 감각의 작용과 모든 생기의 작용을 지혜의 불로 조절하는 수행을 제물로 바친다. 재물을 바치는 사람도 있고 고행을 바치는 사람도 있다. 굳은 서원을 하고 배움과 경전 연구를 제물로 바치는 사람도 있고 명상을 제물로 바치는 사람도 있다.

어떤 사람은 호흡을 조절하면서 생명의 기운을 제물로 바침으로써 생명의 기운을 통제하는 능력을 얻기도 한다. 어떤 사람은 음식이나 감각을 억제하면서 생명의 기운을 바친다. 이들은 모두 제사의 의미를 아는 사람들이다. 이들은 제사를 통해 과거의 더러움을 씻고 맑게 정화된다. 제사를 드리는 사람은 그 결과 영혼의 양식을 얻고 영원한 브라흐만의 경지에 도달한다.

아르주나 제사는 반드시 드려야 합니까? *(추가)*

크리슈나 아르주나여, 제사를 드리지 않는 사람들은 이 세상에서도 즐거움을 누리지 못한다. 그들은 늘 불평하며 짜증을 낸다. 이러한데 어떻게 다음 세상의 즐거움을 바라겠는가? 제사를 드리는 것은 하나의 행위다. 이렇게 각자 자기 나름의 방법으로 제사를 드리는 행위를 통해 브라흐만에 이를 수 있다. 이것을 이해하면 그대는 자유로워질 것이다.

아르주나여, 지혜를 제물로 바치는 것이 어떤 물질을 제물로 바치는 것보다 낫다. 모든 행위는 지혜로 완성된다. 깨달음을 얻은 스승에게 다가가 겸손한 마음으로 삶의 진리를 물어보라. 일단 진리를 깨달으면 만물이 아트만 안에 있으며 모든 것이 내 안에 있음을 알게 될 것이다.

아르주나여, 아무리 죄가 많은 사람이라도 지혜의 배를 타고 죄악의 바다를 건널 수 있다. 활활 타오르는 불길이 장작을 재로 만들듯이 지혜의 불은 모든 행위를 재로 만든다. 영적인 지혜의 불만큼 마음을 깨끗하게 정화하는 것은 이 세상에 없다. 믿음을 지니고 감각을 절제하여 지혜를 얻는 것에 전념하는 자는 오래 걸리지 않아 지혜를 얻고 완전한 평화에 들어간다.

그러나 무지한 자는 믿지 않으며 자아마저 의심하여 멸망에 이른다. 그들은 이 세상에서 행복할 수 없고 저세상에서도 행복할 수 없다. 요가로써 행위의 결과에 대한 집착을 버리고 영적인 지혜로 모든 의심을 잘라 내는 사람은 어떤 행위를 해도 속박되지 않는다. 그러니 아르주나여, 그대 마음속에 있는 의심을 지혜의 칼로 잘라 내라. 용감하게 일어나서 요가의 길을 가라.

아르주나 오, 크리슈나여, 당신은 한편으로는 행위의 포기를, 또 한편으로는 행위의 요가(카르마 요가)를 찬양하십니다. 이 둘 중에서 어떤 것이 더 나은지 확실하게 말씀해 주십시오.

크리슈나 행위의 포기와 행위의 요가는 둘 다 구원에 이르는 길이지만 행위의 요가가 행위의 포기보다 더 나은 길이다. 완전한 포기를 성취한 사람에게는 좋고 싫음이 없으며 욕망에서 자유롭다. 어리석은 사람은 즈나나 요가와 카르마 요가가 다르다고 생각한다. 하지만 지혜로운 사람은 이 둘을 동일하게 본다. 어느 길을 통해서든 목표에 도달한 사람은 다른 길을 통해도 똑같은 경지에 이르기 때문이다.

즈나나 요가가 목표로 하는 것과 카르마 요가가 목표로 하는 것은 같다. 이 둘을 하나로 보는 자가 참으로 보는 자다. 카르마 요가를 따르지 않고 완전한 포기를 성취하기는 대단히 어렵다.

지혜로운 사람은 결과를 기대하지 않는 카르마 요가를 통해 빠른 시간 안에 브라흐만에 도달한다. 행위를 하면서 행위의 결과를 기대하지 않는 사람은 감각과 욕망을 정복하여 자신을 깨끗하게 정화한다. 그들은 만물 속에서 아트만을 보며 그것들과 자신이 하나임을 안다. 그들은 무엇을 하든 자신이 행한 행위에 영향을 받지 않는다. 이런 진리를 깨닫고 의식이 아트만과 하나가 된 사람은 무엇을 하든 자신이 행위자라고 생각하지 않는다.

아르주나 무엇을 하든 자신이 행위자라고 생각하지 않는다는 것은 무슨 뜻입니까? *(추가)*

크리슈나 보고, 듣고, 먹고, 마시고, 만지고, 냄새 맡고, 움직이면서도, 또 잠자고, 숨쉬고, 눈을 떴다 감았다 하면서도 그렇게 하는 것은 자기가 아니라 감각 기관이 그 대상에 작용할 뿐이라고 생각하는 것이다. 모든 행위를 브라흐만 안에서 받아들이고 집착을 포기한 채 행위하는 자는 연꽃잎이 물에 젖지 않는 것처럼 죄악에 물들지 않는다. 그들도 자아의 정화를 위해 집착을 버리고 몸, 마음, 이성, 감각을 가지고 행위한다.

마음을 제어한 사람은 행위의 결과에 대한 집착을 버리고 영원한 평화를 얻지만 욕망에 이끌려 행위하는 사람은 행위의 결과에 집착한다. 행위의 결과에 대한 집착을 포기한 사람은 아홉 개의 문이 달린 육체 안에서, 하는 일도 시키는 일도 없이 행복하게 앉아 있다. 그는 행위의 주체도, 행위 그 자체도 아니며 행위와 결과를 연결 짓는 그 어떤 것도 아니다.

행위는 오직 프라크리티의 소산이다. 그는 어떠한 악도 어떠한 선도 취하지 않는다. 그러나 무지에 의해 참다운 지혜가 가려진 인간은 미혹에 빠진다. 자신의 무지를 소멸시킨 사람의 지혜는 태양처럼 모든 것을 밝게 드러낸다.

지혜로운 자는 지식과 실천을 겸비한 종교 지도자든 천민이든, 코끼리나 소, 혹은 개든 만물을 평등하게 본다. 이렇게 만물을 평등하게 보는 자는 이 세상에서 더 이룰 것이 없다. 그의 마음은 이미 평등한 브라흐만에 안주하고 있기 때문이다.

마음이 브라흐만 안에 확고하게 뿌리를 내리고 있기 때문에 좋은 것을 얻어도 크게 기뻐하지 않고 나쁜 일을 당해도 크게 실망하지 않는다. 그는 감각의 만족을 추구하지 않고 아트만을 깨닫는 기쁨만을 추구하며 의식을 브라흐만과 통합하는 요가를 통해 불멸의 기쁨을 누린다.

아르주나 감각적인 만족을 추구하면 안 되는 이유가 무엇입니까? (추가)

크리슈나 아르주나여, 감각의 접촉에서 생기는 쾌락은 고통의 원천이
될 뿐이다. 그것은 시작이 있고 끝이 있다. 지혜로운 자는 그러한 즐
거움을 추구하지 않는다. 죽기 전에 이 세상에서 욕망과 분노로부터
생겨난 동요를 견딜 수 있는 사람은 제어된 자이며 행복한 자다. 마
음속에 행복과 기쁨과 빛을 지닌 자, 이런 자만이 브라흐만과 일치
된 자이며 브라흐만의 경지에 이를 자다.

　죄를 벗고 모든 의심을 몰아내고 마음을 제어하여 모든 존재의 행
복에 기뻐하는 자는 브라흐만의 경지에 이른다. 욕망과 분노를 버리
고 마음을 제어한 자는 브라흐만의 경지에 가까이 있다. 그는 외부
세계와의 접촉을 멀리하고 시력을 미간에 모으고 코로 호흡을 평안
히 하여 감각, 마음, 지성의 작용을 제어한다. 그리하여 이기적인 욕
망, 두려움, 공포, 분노에서 벗어나 참된 자유에 이른다. 나를 제사
와 고행으로 받드는 이, 모든 세계의 대 주재자, 모든 중생의 친구로
아는 자는 평안에 이른다.

아르주나 행위를 하면서 감각적인 즐거움을 추구하지 않는 것이 과연
가능한지요? (추가)

크리슈나 제사도 드리지 않고 아무런 행위도 하지 않고 가만히 있
는 사람은 포기자가 아니다. 행위의 결과에 관심을 두지 않고 해야

할 행동을 하는 사람이 진정한 포기자요, 요가의 목표를 이룬 사람이다. 아르주나여, 포기와 카르마 요가는 같은 것이다. 행위의 결과에 대한 집착을 떨쳐 버리지 못하는 사람은 요가의 길을 가지 못한다. 감각의 대상이나 행위에 대한 집착을 버리고 모든 분별을 포기한 자, 그가 바로 요가에 오른 자다.

스스로 자신을 높이거나 비하하지 말라. 자신은 자신의 가장 이로운 벗인 동시에 가장 해로운 적이다. 스스로 자신을 정복한 자에게는 자신의 마음이 곧 자신의 벗이지만 스스로 자신을 정복하지 못한 자에게는 자신의 마음이 곧 자신을 괴롭히는 적이다.

자신을 정복하고 완전한 고요함에 이른 자는 춥거나 덥거나 즐겁거나 고통스럽거나 남이 칭찬하거나 욕하거나, 언제나 마음의 평정을 잃지 않는다. 참된 지혜와 분별력을 지니고 아무런 동요 없이 감각을 정복한 자에게는 흙이나 돌이나 황금이나 모두 동일하게 보인다. 그러한 자는 가족, 친구, 적, 친절한 사람, 해치려는 사람, 착한 사람, 악한 사람 등을 구별하지 않고 모두를 똑같이 대한다.

아르주나 명상으로 당신이 말하는 것을 실천할 수 있습니까? (추가)

크리슈나 요가의 통일된 의식을 추구하는 자는 몸과 마음을 제어하고 물질적 소유에 대한 기대나 집착을 버리고 항상 한적한 곳에 머물러

54

홀로 자신을 수련해야 한다. 아르주나여, 깨끗한 장소를 골라 너무 높지도, 너무 낮지도 않게 자리를 마련하라. 자리에 앉으면 먼저 마음을 고요히 하고 생각과 감각의 작용을 제어하며 마음을 한곳에 집중하여 명상하라. 몸과 머리와 목을 곧게 세우고 흔들림 없는 자세로 앉아서 사방을 둘러보지 말고 시선은 코끝에 고정시켜라.

아트만의 평화 속에서 모든 두려움을 벗어던지고 모든 욕망을 브라흐만에게 제물로 바쳐라. 마음을 제어하여 오직 나를 생각하며 나에게 헌신한 상태로 좌정하라. 이러한 명상으로 항상 자신을 수련하면서 마음을 제어하는 자는 열반을 들여다보며 내 안에 머무는 평안에 이른다.

아르주나 당신이 말하는 것을 실천하기 위해서는 어떻게 먹고 어떻게 자야 합니까? (추가)

그리슈나 아르주나여, 요가 수행자는 너무 많이 먹거나 너무 적게 먹어서도 안 되고 너무 많이 자거나 너무 적게 자서도 안 된다. 알맞게 먹고 알맞게 휴식하며 알맞게 일하고 알맞게 자는 사람만이 부단한 요가 수행을 통하여 번뇌의 불길을 잡을 수 있다. 마음을 완전히 가라앉혀 오로지 자아 안에 머물고 모든 욕망으로부터 벗어난 자가 절제된 자다.

요가 수행이 깊은 사람은 바람 없는 곳에서 등불이 흔들리지 않듯이 마음이 흔들리지 않는다. 깊은 명상으로 마음이 고요해지고 아트만을 보며 아트만 안에서 만족할 때, 지극한 즐거움은 감각을 초월한 마음에 의해 획득할 수 있음을 알고 진실로 동요되지 않을 때, 이런 상태에 도달하고 나면 그것을 다시없는 행운으로 알고 어떤 고난이 닥칠지라도 동요되는 일이 없을 때, 그때 수행자는 모든 고통에서 풀려나며 이것이 곧 요가의 길이다. 그대는 굳은 결단과 열정을 가지고 이 길을 따르라.

분별에서 생겨난 모든 욕망을 남김없이 버리고 마음으로 모든 감각을 완전히 정복하라. 점차로 마음을 고요하게 하고 강건한 마음으로 마음을 자아에 머물게 하고 아무것도 생각하지 마라.

아르주나 당신은 실천하기 어려운 것만 말씀하시는 것 같습니다. (추가)

크리슈나 마음이 아무리 불안정하게 동요하더라도 다시 자아 안으로 끌어들여라. 마음이 평안 속에 있고 격정이 가라앉아 모든 죄와 허물을 벗어 브라흐만과 하나 된 자에게는 최상의 행복이 찾아온다. 이처럼 항상 자신을 제어하여 허물이 소멸한 수행자는 브라흐만과의 합일에서 오는 무한한 즐거움을 쉽게 얻는다. 그들은 모든 존재 안에서 자아를 보며 자아 안에서 모든 존재를 본다. 그들은 모든 것을 평등하게 본다. 만물 속에서 나를 보며 내 안에서 모든 것을 보는 자는 나를 잊지 않으며 나도 그를 잊지 않는다.

모든 존재 안에 머무는 나를 사랑하며 나 하나에만 전념하는 수행 자는 언제 어디서나 늘 내 안에 머문다. 아르주나여, 즐거움이든 괴로움이든 어디에서나 모든 것을 아트만에 비추어 평등하게 보는 자는 가장 높은 단계의 요가를 성취한 자다.

아르주나   오, 크리슈나여, 저는 마음이 불안정하여 당신께서 평등한 마음이라고 말씀하신 요가의 확고한 경지를 이해할 수 없습니다. 제 마음은 불안정하고 난폭하며 걷잡을 수 없고 완고합니다. 이런 마음을 제어하기란 마치 바람을 재우는 일처럼 힘이 듭니다.

크리슈나   그렇다. 마음을 제어하는 것은 바람을 재우는 것처럼 어려운 일이다. 그러나 아르주나여, 규칙적이고 지속적인 수행과 욕망을 버림으로써 마음을 붙잡을 수 있다. 자신을 제어하지 않고는 요가의 길을 이루기 힘들다. 그러나 자신의 의지에 따르고 노력함으로써 올바른 방편으로 꾸준히 수행하는 사람은 목표에 도달할 것이다.

아르주나   크리슈나여, 믿음은 있으나 의지가 부족하여 수행의 길에서 이탈하여 요가의 완성을 이루지 못하는 수행자는 어떻게 됩니까? 구도의 길에서 방황하면 브라흐만으로 가는 길에서 떨어져 나와 조각 난 구름처럼 그냥 흩어져 버리는 것이 아닙니까? 크리슈나여, 저의 이 의심을 시원하게 풀어 주십시오. 저의 이 의심을 끊어 줄 사람은 오직 당신뿐입니다.

크리슈나 아르주나여, 이 세상에서도 저세상에서도 그러한 자는 결코 멸망하지 않는다. 진리의 길을 가는 사람에게 어찌 그런 불행이 있을 수 있겠는가? 요가의 길을 가다가 도중에 이탈한 사람은 죽은 다음 공덕을 쌓은 자들이 사는 세계에 가서 오랜 세월 살다가 고결하고 존경받는 집에 다시 태어난다. 아니면 아주 드물기는 하지만 지혜로운 수행자의 집에 태어나기도 한다. 이렇게 다시 태어나서 전생에 지녔던 지혜의 힘을 되살려 거기에서부터 수행을 다시 시작하게 된다. 그는 전생의 수행 덕분에 자기도 모르는 사이에 수행의 길에 들어선다. 요가가 무엇인지 알려고 했던 것만으로도 그는 아무런 의미 없이 제사라는 형식만 지키는 사람보다 더 앞서 시작한다.

요가 수행의 길에 들어선 사람은 도중에 이탈하더라도 여러 생을 거쳐 끊임없이 노력함으로써 마침내 궁극적인 경지에 오른다. 요가 수행자는 금욕주의자, 경전에 통달한 학자, 제사를 드리는 사람보다 위대하다. 그러니 아르주나여, 요가 수행자가 되어라. 요가 수행자 중에서도 완전한 신뢰감을 가지고 나에게 헌신하는 사람, 나에게 완전히 몰입하는 사람, 그 사람이 바로 나와 가장 완전히 하나 됨을 얻은 자다.

※   ※   ※

참자아를 보는 것은 몸을 가지고 태어난 인간에게는 매우 어려운 일이다. 몸의 다양한 작용은 내가 '나'임을 언제나 상기시키고, '나'를 의식하면 이기적인 마음이 생기며, 이기적인 마음은 우리의 생각과 느낌을 아트만으로부터 가려 버리기 때문이다. 3장에서는 일상적인 삶에서 자신의 의무를 다하며 참자아를 찾는 두 가지 방법을 제시한다. 하나는 어떤 행위를 하든 결과를 생각하지 않으며 하는 것, 행위의 결과에 대한 집착을 끊는 카르마 요가다. 다른 하나는 자신의 마음에서 일어나는 모든 생각이 진짜가 아니라고 생각하며 진짜, 즉 참자아를 보고자 노력하는 즈나나 요가다.

아르주나는 이 두 가지 중 어떤 것이 더 나은 방법인지 물었지만 크리슈나는 이 두 가지는 별개가 아니라고 강조한다. 그러면서 전쟁을 이기는 특별한 방법이 없는 것과 마찬가지로, 살면서 행하는 모든 것, 제사, 봉사, 고행, 경전 공부, 음식 절제, 요가 등이 모두 방법이 될 수 있다는 것이다. 그러나 무엇보다 중요한 것은 이러한 방법들이 그 사체로 중요한 게 아니라 궁극적으로 아트반, 즉 참자아를 깨난기 위한 것이어야 한다는 점이다. 이 복적 이외에 다른 이기적인 목적을 가지고 행한다면 그 어떤 것도 효과가 없다고 말한다.

이러한 크리슈나의 가르침을 이해하기란 여전히 어렵다. 그래서 아르주나도 끊임없이 질문을 던진다. 아르주나가 크리슈나에게 던지는 많은 질문들은 《기타》를 읽는 독자라면 누구나 궁금해하는 것들이기도 하다. 무엇을 하든 자신이 행위자라고 생각하지 않는다는 것이 무슨 뜻인지, 감각적인 즐거움을 추구하면 왜 안 되는지, 행위를 하면서 감각적인 즐거움을 추구하지 않는 것이 과연 가능한지 등 아르주나의 질문은 끝없이 이어진다. 행위와 관련된 아르주나의 질문에 대하여 크리슈나는 다음과 같이 프라크리티나 구나와 같이 생소한 용어를 들어서 설명한다.

모든 행위는 타고난 본성적인 기운의 흐름에 의해 저절로 일어난다. 그러나 자의식에 사로잡힌 사람은 '내가 행위자'라고 생각한다. 하지만 본성적인 기운과 그 기운의 흐름에 따라 행위가 일어난다는 것을 아는 사람은 행위에 집착하거나 얽매이지 않는다.
모든 행위가 구나의 세 가지 기운에 의해 일어난다는 것을 모르는 사람은 행위의 결과에 집착한다.

지혜를 지닌 사람이라도 자신의 프라크리티의 한계 안에서 행위한다. 모든 존재는 프라크리티에 종속될 수밖에 없다. 그러므로 어떤 행위를 하지 못하도록 억압하는 것은 아무 소용이 없는 일이다.

여기에 나오는 프라크리티나 구나 같은 개념은 7장에서 본격적으로 나오는데, 아르주나가 궁극적으로 깨달아야 하는 내용이기도 하다. 크리슈나는 이러한 개념들을 초반에 살짝 언급함으로써 아르주나가 익숙해지게 하려는 것이다. 앞의 용어 해설에서 외부 세계의 어떤 변화에도 동요되지 않는 마음이 아트만이고 그러한 마음을 가지게 될 때 바라보는 세계가 브라흐만이라고 했다. 3장에서는 프라크리티만 언급하지만 뒤로 가면 프라크리티와 함께 푸루샤라는 개념도 나온다. 그렇다면 프라크리티와 푸루샤는 아트만이나 브리흐만과 어떤 관련이 있을까?

인간의 이기적 욕망이 인간으로 하여금 진짜 세계를 보지 못하게 만들며, 이기적인 욕망은 몸을 가지고 사는 인간인 한 벗어날 수 없다. 그런데 우리의 모든 행동, 생각, 감정 등은 몸에서 나온다. 이때 몸에서 일어나는 모든 작용을 일으키는 원인이 바로 프라크리티다.

그러므로 인간은 자신에게 일어나는 모든 행동, 생각, 느낌이 프라크리티에 의한 것임을 확실히 알고, 그것을 자유자재로 조종할 수 있을 때 진짜 세계를 볼 수 있다. 인간이 자신의 모든 행동, 생각, 감정이 프라크리티의 삭용임을 깨닫게 될 때 자신의 마음에서 보게 되는 것이 푸루샤다. 푸루샤는 인간의 진짜 마음을 가리킨다는 점에서 아트만과 동일하다.

한편 구나는 깨달음의 과정에서 사람마다 차이가 생기는 이유를 설명해 주는 개념이다. 쉽게 말해 구나는 사람마다 지닌 기질과 비슷한 개념이다. 사람의 기질에는 차분한 기질, 활동적인 기질, 화를 잘 내는 기질 등 다양한 기질이 있는데 기질상의 차이 때문에 진짜 세계를 보는 데에서도 차이가 생긴다.《기타》에서는 이러한 기질, 즉 구나는 삿트바, 라자스, 타마스라는 세 가지 기운으로 구성되어 있으며, 이 세 가지 기운의 배합에 따라 인간의 마음과 행동이 다르게 나타난다고 말한다. 이 세 가지 기운은 모두 프라크리티의 작용이 시작되도록 만듦으로써 푸루샤의 환한 빛을 가려 인간으로 하여금 자신 안에 있는 참자아를 깨닫지 못하게 만드는 원인들이다.

이런 개념에 대한 설명은 뒤에도 계속 나오니, 그때마다 한 번씩 음미하기 바란다. 하지만 중요한 것은 아트만과 브라흐만, 프라크리티와 푸루샤의 개념이나 그들 사이의 관계를 이해하는 것이 아니라, 의미를 이해함으로써 자신의 마음이 외부 세계의 어떤 변화에도 흔들림이 없는 평정 상태에 도달하는 것이다. 아트만, 브라흐만, 프라크리티, 푸루샤, 구나 등의 개념은 어떻게 하면 외부 세계의 어떤 변화에도 흔들림이 없는 마음을 가질 수 있을지 설명하는 수단일 뿐,

그 자체가 중요한 것이 아니다.

    설명을 듣고 이해한다고 해서 그러한 마음을 가질 수는 없다. 오로지 실천으로만 가능하다. 실천하는 과정 또한 결코 순탄치 않다. 그렇지만 산 넘어 산이라고 걱정할 필요는 없다. 각 장마다 등장하는 개념과 실천 방법을 하나씩 정리하고 익히다 보면 자연스럽게 터득할 것이기 때문이다.

    자, 그러면 다음 장에는 무엇이 기다리고 있을지 살펴보자.

4장

참자아에 대한
호기심

우리는 삶 속에서 많은 어려움과 고통을 경험하며 살아간다. 그 이유를 아는 경우도 있지만, 사실상 고통에는 이유가 없는 경우가 더 많다. 아무 이유 없이 견디기 어려운 고통이 나에게 왔을 때 우리는 크게 절망한다. 왜 하필 내가 이런 고통을 당해야 할까 생각하며 누군가를 원망하기도 한다. 《기타》의 첫 장면에서 친족과의 전쟁을 앞두고 전쟁에 참여하지 않겠다고 선언한 아르주나의 모습은 아무 이유 없이 고통을 당했을 때 절망하는 우리의 모습이기도 하다.

견디기 힘든 고통을 당하면 왜 하필 나일까, 왜 나만 힘들까 하고 생각하게 된다. 하지만 고통 없이 살아가는 사람이 과연 있을까?《기타》에서 크리슈나는 몸을 가지고 세상을 살아가는 한 고통 없이 사는 사람은 없다고 말한다. 외부 세계가 시시각각으로 변화하고 그에 따라 우리의 마음도 시시각각으로 변화하기 때문에 그 자체가 고통이라는 것이다. 그렇다면 고통에서 벗어나는 방법은 무엇인가? 자신의 마음을 들여다보고 외적인 변화에 휘둘리는 마음 뒤편에 숨어 있는 진짜 마음을 보는 것이다. 사람들 대부분은 감각과 사고가 이끄는 대로 자신의 마음이 계속 변화하는 것을 당연하게 생각한다. 하지만 그것을 당연하게 생각하지 말고 어떤 외적 변화에도 영향을 받지 않는 진짜 마음, 즉 참자아를 보고자 노력해야 한다.

우리가 경험하는 마음 이외에 또 다른 마음이 있고 그런 마음을 알게 되면 세상의 고통이 사라진다는 이야기를 쉽게 받아들이기란 어렵다. 아르주나 역시 요가를 통해 참자아를 찾을 수 있다는 크리슈나의 가르침에 여전히 의혹의 마음을 지울 수 없다. 하지만 크리슈나는 모든 것을 초월하여 존재하고 태어남과 사라짐에 얽매이지 않는 만물의 주재자로서 자신의 본성과 능력을 강조하면서 아르주나의 의혹을 하나씩 없애 준다. 4장은 크리슈나의 실체가 짐짐 더 뚜렷하게 드러나면서 아르주나의 혼란스러움이 점차 해소되는 과정을 그리고 있다. 아르주나와 크리슈나의 이 역동적 상호 작용에 주목하면서 4장을 읽어 보자.

크리슈나　아르주나여, 마음을 나에게 집중하고 의지하여 요가를 수행하라. 나에 대한 모든 것을 의심 없이 바르게 알 수 있도록 이것을 들어라. 나는 이제 그대에게 아트만을 아는 지혜와 통찰력에 대해 모든 것을 말해 주고자 한다. 이것을 알면 이 세상에서 더 이상 알아야 할 것이 없다.

아르주나　네, 부디 알려 주십시오. 제 마음은 여전히 혼란스러워 어찌할 바를 모르겠습니다. (추가)

크리슈나　많은 인간 중에 완성을 향해 노력하는 자는 드물며 노력하여 완성에 이른다고 하더라도 나를 진실로 아는 자는 매우 드물다.

　　그러나 이런 낮은 차원의 본성(흙, 물, 불, 바람, 에테르, 의식의 뿌리, 이성, 자의식) 뒤에는 더 높은 차원의 정신적 본성이 있으며 그것이 이 세계를 지탱하는 힘이다. 모든 존재는 나의 두 가지 본성, 즉 프라크리티와 푸루샤에서 나온다. 내 안에서 만물은 탄생하고 소멸한다.

　　아르주나여, 나에게서 분리되어 존재하는 것은 하나도 없다. 마치 구슬이 실에 꿰어 있듯이 세상의 모든 것은 나에게 매달려 있다.

68

구나(물질적 본성)의 세 기운인 삿트바(밝은 기운), 라자스(활동적인 기운), 타마스(어두운 기운)도 나에게서 비롯된 것이다. 그것들은 나에게 속하지만 나는 거기에 속해 있지 않다. 이 세 가지 기운의 상호작용으로 세상의 온갖 현상이 벌어진다.

사람들은 현상에 현혹되어 그 이면에 모든 것을 초월하여 존재하는 나를 알지 못한다. 이 세 가지 기운이 만들어 내는 환영을 헤아리기는 매우 어렵다. 그러나 나에게 귀의하는 자는 이 환영의 바다를 무사히 건널 수 있다. 나에게 귀의하지 않으면 환영에 현혹되어 악한 일을 행한다. 나를 믿는 마음은 조금도 없이 분별력을 잃고 낮은 차원의 본능적인 충동만을 따르며 멸망의 길로 간다.

아르주나 어떻게 하면 멸망의 길을 피할 수 있습니까? (추가)

크리슈나 아르주나여, 나를 찾는 사람들의 유형은 다음 네 가지다. 삶이 고통스러운 사람, 소원을 이루고자 하는 사람, 인생의 의미를 이해하고자 하는 사람, 진실로 지혜가 있는 사람이 그들이다. 그러나 그중에서 참된 지혜가 있는 사람이 가장 복된 사람이다. 그들은 나를 가장 중요하게 여기며 나와 하나 되는 것을 인생의 궁극적인 목표로 삼는다. 이런 사람은 여러 생을 거치면서 나를 찾다가 마침내 모든 것 속에서 나를 발견한다. 그러나 이런 위대한 영혼은 아주 드물다.

이런저런 욕망으로 참된 시혜를 빼앗긴 자들은 자기 성향에 따라 이런저런 신들을 섬기며 각기 다른 믿음의 길을 간다. 어떤 사람이 어떤 신을 신뢰하여 그를 섬기면, 나는 그 신이 어떤 신이든 믿음이 흔들리지 않도록 도와준다. 그가 완전한 믿음으로 자신이 선택한 신을 섬기면 거기에서 자신이 원하는 것을 얻도록 도와준다. 그러나 지혜가 부족한 자들이 얻는 것은 유한하고 일시적이다. 그런데도 그들은 그 길을 간다. 진실로 지혜가 있는 사람은 나에게 온다.

무지한 자들에게는 나의 진정한 모습이 보이지 않으며, 태어남과 죽음을 넘어섰음을 알지 못한다. 환영에 지나지 않는 외적인 현상에 현혹되어 내가 태어나지도 죽지도 않으며 영원히 변하지도 않는 존재라는 것을 깨닫지 못한다.

아르주나 저도 스승님께서 말씀하시는 참된 지혜를 갖추고 싶습니다.

(추가)

크리슈나 아르주나여, 나는 과거와 현재와 미래의 모든 것을 알고 있다. 그러나 참으로 나를 온전히 아는 사람은 아무도 없다. 아르주나여, 이 세상에 있는 모든 존재는 좋아하는 것과 싫어하는 것을 분별하는 마음에 사로잡혀 가짜 세계에 거듭 태어난다. 그러나 모든 죄를 벗어 버린 사람들은 좋고 싫음을 분별하는 마음에서 해방되어 나를 믿고 나에게 귀의한다. 늙음과 죽음으로부터 해방되기 위하여 나에게 의지하려고 노력하는 사람은 브라흐만과 아트만, 카르마가 무엇인지 깨닫는다. 존재의 본질, 신의 본질, 제사의 본질을 아는 자, 그리고 죽을 때에 이르러서야 나를 아는 자는 나와 일치된 마음을 가진 자들이다.

아르주나 오, 크리슈나여, 브라흐만, 아트만, 카르마는 무엇입니까? 존재의 본질은 무엇이며 신의 본질은 무엇입니까? 제사의 본질은 무엇이며 그것은 육체와 어떻게 관련되어 있습니까? 그리고 죽는 순간에 당신과 하나 되기 위해서는 어떻게 해야 합니까?

크리슈나 영원히 사라지지 않는 진짜 세계를 브라흐만이라고 한다. 만물 속에 깃들어 있는 나의 본질을 아트만이라고 하며, 만물을 지어내는 창조력을 카르마라고 한다.

　죽을 때 오로지 나만을 생각하는 자는 나에게 온다. 여기에는 어떤 의심도 없다. 죽는 순간에 어떤 마음을 가지는가가 다음 생을 결정한다. 그러므로 언제나 나를 생각하고 주어진 의무를 다하여 싸우라. 마음과 생각을 나에게 맡기고 의심 없이 나에게 오라. 명상과 요가에 의해 훈련된 마음으로 나만을 생각하라. 그렇게 하면 지고의 신성한 정신에 이른다.

아르주나 그런 경지는 어떤 경시입니까? (추가)

크리슈나 경전에 통달한 현자들이 불멸이라 말하는 경지, 욕심으로부
터 벗어난 수행자들이 들어가는 경지, 금욕 생활을 행하면서 바라는
그 경지를 간략하게 말하겠다.

감각의 문을 모두 닫고 마음을 가슴 안으로 모으고 호흡을 양 눈
썹 중간에 모으고 요가의 집중에 들어간 자, 브라흐만을 생각하면서
육신을 버리는 자는 지고의 경지에 이른다.

아르주나여, 언제 어디서나 나 외에 다른 것을 생각하지 않는 수
행자는 어렵지 않게 나의 상태에 도달한다. 아르주나여, 브라흐만의
세계를 비롯하여 이 세상의 모든 존재는 삶과 죽음을 반복한다. 그
러나 나에게 오면 그런 환생을 하지 않는다.

이러한 현상 세계 너머에는 또 다른 무형의 세계가 있다. 이 무형
의 세계는 우주가 소멸되어도 사라지지 않는다. 이 무형의 세계는
불멸이며 최고의 경지다. 거기 이르면 다시 물러나는 일이 없다. 그
곳은 내가 있는 가장 높은 곳이고, 최고의 정신이며, 지극한 믿음으
로 얻을 수 있는 것이다. 그 안에 모든 존재가 머물며 그로 인해 모
든 것이 존재한다.

그러니 아르주나여, 언제나 요가 수행으로 흔들리지 않게 하라.
이를 아는 요가 수행자는 경전 연구, 제사, 고행, 보시 등으로 인한

공덕의 결과를 모두 뛰어넘어 최고의 경지로 나아간다.

아르주나 스승님의 가르침을 조금 더 자세히 알고 싶습니다. (추가)

크리슈나 그대는 나를 불신하지 않으니 이제 가장 깊은 비밀을 알려
주고자 한다. 이를 알고 나면 그대는 모든 고통과 슬픔에서 벗어날
것이다. 이 불변의 지혜는 지혜의 으뜸이며 최고의 정화 수단이다.
또한 누구나 쉽게 알아들을 수 있으며 도리에 어긋나지 않으며 행하
기 쉽다.

모든 세계는 눈에 보이지 않는 형태를 지닌 나에게서 온 것이다.
모든 존재는 내 안에 속하지만 나는 그들에게 속해 있지 않다. 나의
이 신적인 신비를 깨닫도록 하라. 나는 모든 존재 안에 있지 않으면
서도 모든 존재를 유지시키는 모든 존재의 창조주다. 바람이 허공에
서 이리저리 불어도 늘 허공에 머물러 있듯이 모든 존재는 내 안에
머물러 있다. 우주적인 한 주기가 끝나면 모든 존재는 내 기운으로 흡
수되어 사라진다. 그 후 또 다른 한 주기가 시작되면 나는 그들을 다
시 현상 세계로 내보낸다.

내 물질적 본성의 힘에 의하여 만물이 태어남과 사라짐을 계속
한다. 그러나 아르주나여, 나는 태어남과 사라짐에 종속되지 않
는다. 나는 태어남과 사라짐을 초월하여 무엇에도 집착하지 않는 상

태에 항상 머문다.

아르주나 만물의 태어남과 사라짐을 초월하여 집착하지 않는다는 것
은 무슨 뜻입니까? (추가)

크리슈나 아르주나여, 나의 감독하에 프라크리티는 생물과 무생물을
낳으며 세상은 나의 법칙 안에서 돌고 돈다. 어리석은 자들은 존재
의 대 주재자인 나의 지고의 상태를 알지 못하고 인간의 형상을 한
나를 무시한다. 헛된 희망, 헛된 행위, 헛된 지식으로 마음이 혼란한
자의 삶은 온통 악과 재앙뿐이다.

　그러나 진실로 위대한 영혼은 나의 신적인 본성을 찾는다. 그들은
내가 만물의 영원한 근원이라는 사실을 깨닫고 한마음으로 나를 섬
긴다. 그는 언제나 나를 찬양하면서 굳은 서약을 하고 노력하며 흔
들림 없이 나를 공경하고 항상 나와 일치된 상태에 머문다. 어떤 자
는 지혜의 길을 통해 여러 모양으로 존재하는 나를 공경한다.

　나는 의례요 제사이며 제사에 올리는 공물이며 약초다. 나는 제
사에 음송하는 주문이요 제단에 바치는 희생 제물이며 그것을 태우
는 불이다. 나는 이 세계의 창조주요 아버지이자 어머니이며 할아
버지다. 나는 모든 앎의 궁극적 대상이요 정화 수단이다. 나는 삶의
목적이고 만물의 부양자이며 주인이다. 나는 관조자이고 만물의 거

주지이며 피난처다. 나는 만물의 참된 친구이며 만물의 시작과 중간과 끝이다. 나는 만물이 태어나는 자궁이며 만물의 영원한 씨앗이다. 나는 태양에 열을 주는 자이며 가뭄을 부르고 비를 오게 하는 자다.

아르주나 스승님을 섬기지 않고 다른 신을 섬기는 자들은 어떻게 됩니까?

크리슈나 아르주나여, 나는 불멸이며 죽음이다. 존재하는 것과 존재하지 않는 것이 모두 나다. 나는 오로지 한 생각으로 나만 섬기고 언제 어디서나 나에게 몰두하는 사람에게 최상의 행복을 가져다준다.

아르주나여, 믿음으로 충만하여 다른 신을 섬기는 자들도 비록 바른길을 따르는 것은 아니지만 나를 섬기는 것이다. 왜냐하면 나는 일체의 제사를 받는 자이며 주인이기 때문이다. 그러나 그들은 진실로 나를 알지 못하므로 공덕이 다하면 다시 태어난다. 신을 섬기는 사람들은 신의 세계로 가고 조상을 섬기는 사람들은 조상들이 있는 세계로 가며 귀신을 섬기는 사람들은 귀신의 세계로 가고 나를 섬기는 사람은 나에게로 온다.

나뭇잎 한 장, 꽃 한 송이, 과일 한 조각, 물 한 그릇이라도 마음을 나해 바치면 나는 매우 기쁘게 받는다. 그러므로 아르주나여, 무엇을 하든 무엇을 먹든, 무엇을 바치든 무엇을 베풀든, 무슨 고행을 하든 그 모든 것이 나에게 바치는 제물이 되게 하라. 그러면 행위의 결과에서 벗어나리라. 행위의 결과에 집착하지 않는 포기를 통해 완전한 자유를 얻고 나에게 오리라.

아르주나 다른 신을 섬기는 자들을 어떻게 생각하십니까? (추가)

크리슈나 나는 만물을 평등하게 본다. 나에게는 미운 자도, 사랑하는 자도 없다. 그러나 나에게 헌신하는 자는 내 안에 있으며 나 또한 그 안에 있다. 큰 죄인이라도 마음을 돌이켜 나에게 오면 그는 더 이상 죄인이 아니다. 바르게 결심했기 때문이다. 그는 머지않아 의(義)를 존중하는 자가 될 것이며 한없는 평안에 도달할 것이다. 아르주나여, 진심으로 나에게 귀의한 자는 멸망하지 않는다. 아르주나여, 어떤 환경, 어떤 처지, 어떤 신분으로 태어났더라도 나에게 귀의하는 사람은 지고의 경지에 도달한다.

나를 생각하고, 나를 사랑하며 나에게 제사를 올리고 나에게 경배하라. 이와 같이 나와 일치되어 나를 지고의 목표로 삼는 자는 바로 나에게 이를 것이다.

아르주나 저는 스승님을 온 힘을 다하여 섬기고 싶습니다. (추가)

크리슈나 아르주나여, 나의 지고의 가르침을 더 들어 보라. 그대의 행
  복을 위해 더 많은 것을 말해 주리라. 신의 무리들도 위대한 현인들
  도 나의 기원을 알지 못한다. 왜냐하면 나는 그들의 시초이기 때문
  이다. 나에게는 태어남도 시작도 없으니 세계의 대 주재자로 아는
  자는 미혹에서 벗어나 모든 악에서 해방된다. 분별과 지혜와 이해,
  용서와 진실과 절제, 평온함과 즐거움과 괴로움, 태어남과 죽음, 두
  려움과 용기, 명예와 불명예, 비폭력과 자비와 공평함, 만족과 고행
  과 보시 등 존재의 다양한 특성은 모두 나로부터 온다.
    사랑이 가득한 지혜로운 자는 나를 모든 것의 기원으로 보고 모든
  것이 나로부터 나왔다고 생각하며 나를 섬긴다. 그들은 나를 생각하
  며 나에게 생명을 바치고 서로서로를 깨우치면서 항상 나를 이야기
  하고 만족하며 기뻐한다. 항상 나를 사랑하고 나에게 헌신하는 자에
  게 나는 지혜의 요가를 주니, 그들은 그로써 나에게 이른다. 나는 그
  들을 불쌍히 여겨 찬란한 지혜의 등불로 무지로 인한 그들의 암흑을
  소멸시켜 준다.

아르주나 당신은 지고의 브라흐만이시며 최고의 의지처이시며 최고
  의 정화 수단이십니다. 당신은 영원한 정신이며 태어나지 않은 부한

한 분입니다.

오, 크리슈나여, 당신께서 말씀하신 이 모든 것을 진리라고 생각합니다. 신들이나 악마들조차도 당신의 본성을 다 알 수는 없습니다. 당신 자신만이 스스로 아십니다. 당신은 최고의 인격이고 존재의 근원이며 만물의 창조주이고 세계의 주인이십니다.

이 세계를 충만케 하시며 이 세계에 머물고 계시는 당신의 신비한 위력을 하나도 남김없이 말씀해 주십시오. 요가의 창조주여, 제가 어떻게 해야 언제 어디서나 당신만 생각할 수 있는지 알려 주십시오. 어떠어떠한 상태에서 당신을 생각해야 합니까?

오, 크리슈나여, 당신의 신비한 능력과 위력에 대해 더 자세히 말씀해 주십시오. 당신의 가르침은 생명의 말씀입니다. 들어도 들어도 더 듣고 싶습니다.

크리슈나　나의 능력과 영광을 말해 주겠다. 그러나 모두 말하자면 끝이 없으므로 중요한 것만 말하겠다. 나는 모든 존재의 중심에 자리 잡은 자아이며 모든 존재의 시초요 중간이며 끝이다.

나는 창조물의 처음이요 중간이며 끝이다. 나는 지식 중에서 아트만에 관한 영적인 앎이다. 나는 말하는 자의 말이다.

나는 모든 존재의 씨앗이다. 생물이든 무생물이든 나를 떠나 존재할 수 있는 것은 아무것도 없다.

나의 신비한 위력은 끝이 없다. 아르주나여, 지금까지 말한 것은 일부에 지나지 않는다. 그 어떤 존재가 위력적이거나 빛나거나 활기에 차 있다면 그것은 바로 나의 영광의 일부분으로부터 생긴 것이다. 그러나 아르주나여, 모든 것을 하나도 빠짐없이 아는 게 중요한 것이 아니다. 나의 한 부분으로도 온 우주가 가득 찰 수 있다는 것만 안다면, 그것만으로도 그대의 앎은 충분하다.

✻　　　✻　　　✻

아르주나는 4장에서도 크리슈나에게 여러 가지 질문을 던지는데 앞 장과 달라진 것은 크리슈나가 말하는 브라흐만, 아트만 등에 대해서 다음과 같이 직접 질문한다는 것이다.

크리슈나여, 브라흐만, 아트만, 카르마는 무엇입니까? 존재의 본질은 무엇이며 신의 본질은 무엇입니까? 세사의 본질은 무엇이며 그것은 육체와 어떻게 관련되어 있습니까?

아르주나의 직접적인 질문에 대해 크리슈나는 "영원히 사라지지 않는 진짜 세계를 브라흐만이라고 한다. 만물 속에 깃들어 있는 나의 본질을 아트만이라고 하며, 만물을 지어내는 창조력을 카르마라고 한다."라고 대답한다. 브라흐만과 아트만에 대한 설명은 앞에서도 나왔지만 카르마는 처음 등장한다. 카르마는 말 그대로 '행위(업)'라는 뜻이다. 힌두교 전통에서 카르마는 중요한 개념이다. 소위 '카르마 법칙'은 지금 일어나고 있는 모든 일은 과거에 행한 행위의 결과로 나타나는 것을 의미한다.

지금 좋은 일이 일어났으면 과거에 좋은 일이 일어날 만한 좋은 행위를 했기 때문이고, 지금 나쁜 일이 일어났다면 과거에 나쁜 일이 일어날 만한 행위를 했기 때문이다. 이러한 법칙 때문에 모든 행위가 구속의 원인이 되며, 끝없이 이어지는 원인과 결과의 사슬에서 벗어날 수 있는 방법은 행위를 하되 집착하지 않는 길뿐이다.

4장에서는 아르주나가 브라흐만이나 아트만 등의 개념에 대해 적극적으로 알고자 하기 때문에 크리슈나도 아르주나에게 적극적으로 가르쳐 준다. 모든 존재는 프라크리티와 푸루샤에서 나오고 구나의 세 가지 작용에 의하여 세상의 온갖 현상이 벌어진다는 설명도 이와 관련되어 있다. 크리슈나는 이 모든 것들의 작용이 자신에게서 비롯되었다고 말하지만, 정작 자신은 그러한 작용으로부터 벗어나 있다고 강조한다. 크리슈나는 아르주나에게 모든 현상의 이면에 존재하는 자신에게 정신을 집중하여 현상의 변화에 현혹되지 말라고 설명한다.

4장 마지막에서 아르주나는 자신의 마음에 있는 진짜 마음인 아트

만을, 그리고 아트만을 깨달았을 때 보이는 진짜 세계 브라흐만을 알
게 됨으로써 크리슈나에게 다음과 같이 말하는 단계에 이르게 된다.

당신은 지고의 브라흐만이시며 최고의 의지처이시며 최고의 정화
수단이십니다. 당신은 영원한 정신이며 태어나지 않은 무한한 분입
니다. 오, 크리슈나여, 당신께서 저에게 말씀하신 이 모든 것을 진
리라고 생각합니다. (…) 요가의 창조주여, 제가 어떻게 해야 언제
어디서나 당신만 생각할 수 있는지 알려 주십시오. 어떠어떠한 상
태에서 당신을 생각해야 합니까? 오, 크리슈나여, 당신의 신비한 능
력과 위력에 대해 더 자세히 말씀해 주십시오.

이제 다음 장에서 아르주나의 믿음이 어떻게 발전하는지 살펴보자.

5장

/

참자아에 대한
믿음

/

《기타》에서 크리슈나는 브라흐만이나 아트만의 화신이다. 처음에는 아르주나의 전차 몰이꾼으로 등장하지만 아르주나의 깨달음이 깊어질수록 전차 몰이꾼에서 스승으로, 스승에서 브라흐만으로, 브라흐만에서 아트만으로 변화한다. 5장에서 아르주나는 외부 세계로만 향해 있는 자신의 마음 안에서 마침내 아트만을 보고 그것과 하나가 된다. 여기에서 아르주나는 아트만과 하나가 되었을 때의 감격과 느낌, 전에는 경험하지 못했던 새로운 세계에 대한 놀라움을 거침없이 표현한다. 《기타》는 아르주나와 크리슈나의 대화로 이루어져 있지만 결국 아르주나의 마음 안에 있는 가짜 마음과 진짜 마음의 대화인 셈이다.

아르주나 아트만의 비밀에 대한 당신의 가르침으로 저의 의심은 사라
졌습니다. 이것은 당신의 은혜입니다. 연꽃잎의 눈을 가진 이여, 당
신은 모든 존재의 시작과 끝을 말씀해 주셨습니다. 당신 자신의 지
고한 신비도 말씀해 주셨습니다.

　오, 크리슈나여, 당신이 말씀하신 무한한 영광을 이제 제 눈으로
보기를 원합니다. 지고의 창조주인 당신의 모습을 보고 싶습니다. 주
인이시여! 요가를 주재하시는 이여! 만약 저에게 그럴 만한 열정이
있다고 생각하신다면 당신의 불멸의 자아를 저에게 보여 주십시오.

크리슈나 아르주나여, 수천수만 가지 색깔과 모양을 가지고 있는 무
수한 나의 신적인 형상을 보라. 아르주나여, 온 세상이 내 안에서 움
직이고 있음을 보라. 그리고 그대가 보고 싶어 하는 다른 것들도 보
라. 육체의 눈으로는 볼 수 없어 내가 그대에게 신비의 눈을 열어 주
리니 그 눈으로 나의 장엄한 능력을 보라.

산자야 오, 드리타라슈트라 왕이시여! 위대한 요가의 대가인 크리슈
나께서는 이와 같이 말씀하시고서 아르주나에게 지고의 존엄하신
모습을 보여 주셨습니다. 그는 갖가지 천상의 보석으로 장식한 수많

은 얼굴을 가진 모습을 보여 주었습니다. 그는 갖가지 무기를 들고 있는 온갖 기이한 모습으로 나타났습니다. 그는 천상의 화환과 옷을 걸치고 천상의 향을 바르고 사방의 얼굴을 지닌 채 온갖 기이함으로 이루어진 무한한 신의 모습을 보여 주셨습니다. 만약 하늘에 수천 개의 태양이 동시에 빛난다면 그 광채는 그 위대한 자아의 빛과 같을 것입니다. 그때 아르주나는 신 중의 신인 그의 몸 안에서 세계가 하나로 모여 있는 것을 보았습니다. 아르주나는 놀라움에 머리카락이 곤두서서 신 앞에 머리를 숙여 합장하며 말했습니다.

아르주나 오, 주여! 저는 모든 신들과 뭇 존재들이 당신의 몸 안에 있음을 봅니다. 창조주 브라흐만과 모든 현자들과 천상의 뱀들을 봅니다. 사방에 수많은 팔과 배와 얼굴과 눈을 지닌 당신의 무한한 모습은 보이나 당신의 끝과 중간과 처음은 볼 수 없습니다.

일체의 주재자시여! 일체의 모습을 지니신 이여! 왕관과 곤봉과 원판을 지니고 불덩어리처럼 사방으로 빛나는 당신을 봅니다. 사방으로 타는 불, 태양 같은 광채를 지닌 당신의 모습은 쳐다보기도 어렵고 헤아릴 수도 없습니다. 당신은 불멸자이시며 항구적이고 변하지 않는 법의 수호자이십니다. 당신은 영원한 정신입니다. 당신은 시작도 중간도 끝도 없고, 무한한 힘과 무수한 팔을 지니셨으며, 달과 태양의 눈을 가지고 계십니다. 당신은 불타오르는 얼굴에 자신의 열로 이 우주를 불태우십니다.

　오, 주여, 하늘과 땅 사이, 모든 공간이 오직 당신 하나로 가득 차 있습니다. 이처럼 불가사의하고 무서운 당신의 모습을 보고 온 세상이 바르르 떨고 있습니다. 저 신들의 무리가 당신 안으로 들어갑니다. 어떤 자들은 두려워서 두 손을 모으고 찬양합니다. 수많은 얼굴과 눈, 수많은 팔과 넓적다리와 발, 수많은 배와 끔찍한 송곳니를 지닌 당신의 위대한 모습을 보고 세계가 떨고 있습니다. 저 또한 그렇습니다.

　여기가 어디인지, 어디로 가야 할지 모르겠습니다. 온 우주를 유지하는 주님이시여, 저에게 자비를 베풀어 주십시오.

　주여, 무서운 모습을 하고 계신 당신이 누구신지 말씀해 주십시오. 당신께 경배합니다. 은혜를 베풀어 주십시오. 당신이 진정 누구인지 그 본질을 알고 싶습니다.

크리슈나　나는 바룸을 파괴하는 시간이며 세상을 집어삼키는 자다. 그대가 전투에 참여하지 않더라도 적의 모든 전사들은 한 사람도 빠짐없이 멸망시킬 것이다. 그러니 그대는 일어나 싸워라. 적군을 물리치고 옛 왕국의 영광을 되찾으라. 적군의 전사들은 이미 내가 죽였다. 이 싸움에서 그대는 단지 나의 손에 들린 무기에 지나지 않는다. 주저하지 말고 나가 싸워라. 승리는 이미 그대의 것이다.

산자야 아르주나는 크리슈나의 이 말을 듣고 두려워 떨면서 머리를 조아리며 이렇게 말했습니다.

아르주나 오, 크리슈나여, 당신을 찬양하는 소리에 온 세상이 기뻐하며 즐거워합니다. 악마의 무리는 겁에 질려 사방으로 달아나고 성자와 현인들은 당신께 경배합니다. 브라흐만보다 중요하신 최초의 창조자 당신에게 어찌 경배하지 않을 수 있겠습니까?

오, 위대한 자아여! 무한하신 이여! 당신은 신들의 신이며 모든 존재의 집입니다. 당신은 존재인 동시에 비존재이며 불멸하는 지극히 높은 분이십니다. 당신은 최초의 신이며 태고의 정신입니다. 당신은 인식의 주체이며 대상입니다. 당신 안에 온 세상이 있으며 온 세상의 모든 형상이 다 당신입니다. 당신은 모든 존재의 최초의 조상입니다.

그러므로 당신 앞에 머리를 숙이고 천 번 만 번 경배하고 또 경배합니다. 앞에서도 뒤에서도 사방에서 모두가 당신께 경배를 올립니다. 당신은 무한한 힘과 헤아릴 수 없는 용맹함을 지니고 모든 것을 완성하고 모든 곳 어디에나 계십니다.

저는 당신을 친구라고 생각하여 무례하게 "크리슈나여", "친구여"라고 불렀습니다. 때로는 농담을 건네고 같이 앉아 음식을 먹기도 하고 장난을 치기도 했습니다. 오, 크리슈나여, 불멸자인 당신의 위대함을 알아보지 못하고 보인 이 무례함을 부디 용서해 주십시오.

크리슈나 아르주나여, 그런 것은 전혀 중요하지 않다. (추가)

아르주나 당신은 온 세상의 아버지입니다. 생물이든 무생물이든 모든 만물의 아버지입니다. 당신은 마땅히 존경받아야 할 분이며 지극히 존엄하신 스승입니다. 온 세상에 당신과 견줄 자는 없습니다. 어찌 다른 더 위대한 분이 있겠습니까?

오, 은혜로우신 주님, 엎드려 청하니 은혜를 베풀어 주십시오. 아버지가 아들을 용서하듯이, 친구가 친구를 용서하듯이, 연인이 연인을 용서하듯이, 저를 용서해 주십시오. 이전에 보지 못한 당신의 무시무시한 모습을 보니 제 마음은 흥분되고 두려움에 전율합니다. 그 모습을 저에게 다시 보여 주소서. 신이시여! 은혜를 베푸소서.

크리슈나 아르주나여, 그대는 나의 은총으로 나와 합일되는 경험을 했다. 나와 합일된 상태에서 그대는 나의 형상을 보았다. 인간 세계에서 나의 형상을 본 사람은 그대 이외에는 없다. 경전 공부, 제사, 보시, 고행 등 어떤 방법으로도 그대가 본 나의 모습을 볼 수 없다.

아르주나여, 이러한 나의 모습을 두려워하지 마라. 두려움에서 벗어나 즐거운 마음으로 다시 한 번 나의 모습을 보아라.

산자야 크리슈나는 이렇게 말한 다음 네 개의 팔을 지닌 자애로운 모습을 보여 주었습니다. 그리고 나시 아르주나에게 익숙한 옛 모습으로 돌아와서 두려워하고 있는 아르주나를 위로했습니다.

아르주나 오, 크리슈나여. 부드럽고 인간적인 당신의 모습을 보니 이제야 마음이 가라앉았습니다.

크리슈나 그대가 본 나의 이 모습은 지극히 보기 어렵다. 신들도 그대가 본 나의 모습을 보기를 갈망하고 있다. 경전 공부나 고행, 보시, 제사로는 그대가 본 나의 모습을 볼 수 없다. 아르주나여, 흔들리지 않는 헌신을 통해서만 나와 하나가 될 수 있고 나를 알고 나를 볼 수 있다. 나를 모든 행위의 궁극적인 목표로 삼고 행위의 결과에 집착하지 않고 행하는 자, 그리고 모든 존재에 대해 원한이 없는 자는 나의 존재 속으로 들어와 나와 하나가 된다.

✳   ✳   ✳

크리슈나는 아르주나에게 우리가 보고 듣고 느끼는 세계가 전부가 아니라, 그 이면에 진짜 세계가 있음을 이해시키고자 지금까지 많은 설명을 반복했다. 아르주나가 직면한 전쟁은 온갖 고난과 갈등, 슬픔, 괴로움 등이 뒤섞여 있는 인간의 삶을 상징적으로 나타낸다고 앞에서도 설명한 바 있다. 흔히 인간의 삶은 원래 고통스럽고 괴롭고 슬프다고 생각하고 그런 삶을 당연하게 받아들이지만, 크리슈나는 인간의 삶이 그렇게 보이는 것은 우리가 시시각각 변화하는 외부 세계를 전부라고 생각하고 그에 영향을 받기 때문이라고 설명한다. 크리슈나는 시시각각 변화하는 외부 세계는 가짜 세계이고 이면에 진짜 세계가 숨어 있으며 그 진짜 세계를 알게 되면 삶의 모든 고통이 사라진다고 말한다. 또한 아르주나로 하여금 진짜 세계를 볼 수 있도록 아트만, 브라흐만, 프라크리티, 푸루샤, 구나 등의 개념을 사용하여 삶의 본질에 대해 설명한다.

이러한 크리슈나의 노력 덕분에 아르주나는 점점 크리슈나가 이끄는 진짜 세계로 진입하고 마침내 5장에서 그 세계를 직접 보고 싶어 한다. 아르주나는 크리슈나의 신적인 본성을 깨닫고 그 본성이 곧 자신의 아트만(참자아)이라는 사실을 인정하면서 크리슈나의 진짜 모습을 보여 달라고 요청한다. 크리슈나는 아르주나의 요청을 받아들여 '사마디' 상태로 들어간다. 사마디는 일종의 집중 상태로서 의식의 흐름이 끊어진, 요가가 목표로 하는 초월적인 의식 상태를 의미한다. 이러한 상태에서 아르주나는 크리슈나의 진짜 모습(브라흐만, 아트만, 진짜 세계, 진짜 마음)을 보고 기쁨과 두려움을 동시에 느낀다. 진짜 세계를 알게 되어 무한히 기쁘지만, 그 세계는 자신이 알고 있는 세계와 전혀 다른, 익숙하지 않은 세계이기 때문에 두렵기도 한 것이다.

이처럼 아르주니는 크리슈나의 도움으로 진짜 세계를 보게 되었지만 크리슈나는 진짜 세계를 깨닫는 것은 한 번에 이루어지는 것이 아니라 끊임없는 노력을 통하여 이루어진다는 점을 강조한다. 또한 한 번 깨달았다고 해도 그 끝은 알 수 없고 진짜 세계에 대한 믿음을 가지고 살아가는 동안 지속적으로 노력해야 한다고 말한다. 시시각각 변화하는 현재의 세계 이면에 진짜 세계가 있음을 굳게 믿고, 현재의 삶 속에서 주어진 의무를 열심히 수행하되 행위의 결과에 대한 집착을 버리는 노력을 끊임없이 해야 한다는 것이다.

흔들리지 않는 헌신을 통해서만 나와 하나가 될 수 있고 나를 알고 나를 볼 수 있다. 나를 모든 행위의 궁극적인 목표로 삼고 행위의 결과에 집착하지 않고 행하는 자, 그리고 모든 존재에 대해 원한이 없는 자는 나의 존재 속으로 들어와 나와 하나가 된다.

보통 사람은 크리슈나의 이 말이 무슨 뜻인지 이해하기 어렵고, 실천하기란 더더욱 어렵다. 아르주나는 모든 것을 깨닫고 굳은 믿음을 가졌다고 말하면서도 크리슈나의 가르침에 대해 여전히 이런저런 질문을 던진다. 다음 장에서는 참자아의 실상을 처음 접한 아르주나가 갖는 의문들에 대해 살펴보기로 하자.

6장
/

참자아에 대한
헌신

/

6장에서 크리슈나는 아트만(참자아)에 대한 믿음을 가지게 되었다고 해서 그것으로 만족해서는 안 된다는 점을 일깨워 준다. 그 믿음은 언제든지 다시 무너질 수 있기 때문에 삶의 전 과정을 통해 참자아를 찾으려는 행위를 하되 결과에 대한 집착을 버리고, 정신을 집중해야 한다고 강조한다. 또한 이러한 수행 정신이 특정한 시기나 장소에서만 견지되어서는 안 되고, 삶 전체를 통해 강한 믿음 속에서 유지되어야 한다고 말한다. 인간이 살아 있는 한 몸의 지배에서 벗어나기란 불가능하기 때문에, 참자아에 대한 믿음은 언제든지 무너질 수 있다. 따라서 믿음을 유지하기 위한 노력은 죽을 때까지 지속해야한다. 전쟁 같은 삶은 끝이 없으니 참자아를 깨닫기 위한 노력에 헌신해야 한다는 것이다.

✻ ✻ ✻

아르주나 당신을 사랑하며 당신께 완전히 헌신하는 박티 요가 수행자
와 당신을 보이지 않는 영원한 진짜 세계의 주인으로 여기고 정신적
으로 당신을 찾는 즈나나 요가 수행자 중에 누가 더 흔들리지 않는
길을 가는 것입니까?

크리슈나 순수한 믿음으로 나에게 집중하고, 흔들리지 않는 헌신의
길을 가는 것이 가장 완벽한 요가의 길이다. 그러나 감각과 마음을
제어하면서 보이지 않는 영원한 진짜 세계를 정신적으로 찾는 즈나
나 요가 수행자 역시 나에게 이른다.

　몸을 가지고 있는 사람으로서 즈나나 요가를 통해 눈에 보이지 않
는 진리를 찾는 것은 매우 어렵고 오랜 시간이 걸린다. 그러나 나만
을 목표로 삼고 모든 행위를 나에게 바치는 제물로 여기는 사람, 한
마음으로 나를 명상하며 나에게 헌신하는 사람은 태어남과 죽음이
반복되는 윤회의 바다를 쉽게 건널 수 있다.

　그러니 아르주나여, 마음과 생각을 다하여 나에게 몰두하라. 그러
면 영원토록 나와 하나인 상태에 머물 것이다. 나에 대한 집중이 완

벽하게 이루어지지 않는다면 다른 수행을 규칙적으로 하라. 규칙적인 수행에 대한 의지마저 부족하다면 나를 위한 행위를 최고의 목표로 삼아라. 나를 위한 행위를 통해서도 완성에 이를 수 있다.

이것조차 행할 수 없다면 자신을 나의 도구라고 생각하고 결과에 집착하지 않고 행위하도록 노력하라. 기계적인 훈련보다는 지혜 탐구가 낫고, 지혜 탐구보다는 명상이 나으며, 명상보다는 결과에 집착하지 않는 포기가 훨씬 낫다. 행위의 결과에 집착하지 않고 행위하는 자는 평화를 얻는다.

아르주나 　스승님은 어떤 사람을 가장 사랑하십니까? (추가)

크리슈나 　아무도 미워하지 않고 누구에게나 친절하고 자비로운 사람, 나 또는 나의 것이라는 생각이 없으며 고통과 기쁨에 동요하지 않고 모든 것을 평등하게 바라보는 사람, 어떤 상황에나 만족하며 자신을 제어하고 굳은 믿음을 가진 사람, 마음과 생각 전체를 기울여 나에게 몰두하는 사람, 나는 이런 사람을 사랑하며 이런 사람이 나의 가장 가까운 친구다. 이런 사람은 세상을 혼란스럽게 하지 않으며 세상 또한 이런 사람을 흔들지 못한다.

기쁨, 경쟁심, 두려움, 열망에서 멀리 벗어난 사람, 이런 사람은 나에게 사랑스러운 존재다. 무슨 일을 하든 결과에 집착하지 않고 행하는 순수한 사람, 무슨 일을 하든 일에 얽매이지 않고 욕망에서 벗어나 행하는 사람을 나는 사랑한다. 이런 사람이 나에게 헌신하는 자이며 나는 이런 사람을 사랑한다. 기뻐하지도 미워하지도 않으며, 슬퍼하지도, 무언가를 원하지도 않으며, 좋고 나쁨을 떠나 마음이 오직 나에게만 향하는 사람, 이런 사람을 나는 사랑한다.

원수와 친구, 존경과 멸시를 하나로 보며 추위와 더위, 즐거움과 괴로움을 동일하게 여기는 사람을 나는 사랑한다. 비난과 칭찬을 동일하게 여기며 침묵하고 어떤 상황에도 만족하는 사람, 아무런 집착 없이 마음이 확고부동한 사람, 나는 언제 어디서나 나만을 바라보는 이런 사람을 사랑한다. 그러나 지금까지 말한 이 영원한 진리에 마음을 모으고 나를 삶의 목표로 삼고 온전한 믿음으로 따르는 사람은 나에게 누구보다도 사랑스러운 존재다.

❋   ❋   ❋

크리슈나는 삶 전체가 수행 과정이어야 한다고 말한다. 일상적 삶 속에서 자신에게 주어진 의무에 최선을 다하되, 결과에 마음을 두지 않으려고 노력해야 한다(카르마 요가). 마음이나 인식에 홀연히 일어나는 모든 잡념, 구별, 차별 등은 절대적인 것이 아니라 마음이 지어낸 허상에 불과하므로 그 자체를 중요시하지 말아야 한다(즈나나 요가). 내가 살고 있는 지금의 삶, 시시각각으로 펼쳐지는 삶의 장면들은 가짜이며, 진짜가 아님을 굳게 믿으면서 그러한 믿음에 헌신하며 살아야 한다(박티 요가).

3장에서 아르주나는 카르마 요가와 즈나나 요가 중 어느 것이 더 좋은 방법인지 물었고, 크리슈나는 두 가지 방법이 모두 브라흐만을 깨닫는 방법이라고 대답했다. 6장에서 아르주나는 박티 요가와 즈나나 요가 중에서 더 좋은 방법이 무엇인지 질문했다. 이 질문에도 크리슈나는 두 가지 중 어느 것이 더 좋은 방법이라고 대답하지 않고, 진리에 이르기에는 즈나나 요가가 박티 요가보다 어렵다고만 답했다. 참자아에 대한 강한 믿음을 가지고 그것을 깨닫기 위해 헌신하는 것이 즈나나 요가보다 수월한 방법이라는 것이다. 그러나 어떤 방법으로든 열심히 노력하면 참자아에 이를 수 있다고 말한다.

그리고 참자아를 깨닫는다는 것은 다음과 같은 사람이 됨을 의미한다는 것을 구체적으로 제시한다.

아무도 미워하지 않고 누구에게나 친절하고 자비로운 사람, 나 또는 나의 것이라는 생각이 없으며 고통과 기쁨에 동요하지 않고 모든 것을 평등하게 바라보는 사람, 어떤 상황에나 만족하며 자신을 제어하고 굳은 믿음을 가진 사람, (…) 기쁨, 경쟁심, 두려움, 열망에서 멀리 벗어난 사람, (…) 원수와 친구, 존경과 멸시를 하나로 보며 추위와 더위, 즐거움과 괴로움을 동일하게 여기는 사람, (…) 비난과 칭찬을 동일하게 여기며 침묵하고 어떤 상황에도 만족하는 사람 (…).

하지만 기뻐하지도 슬퍼하지도 않고, 원수와 친구, 존경과 멸시, 추위와 더위, 즐거움과 괴로움을 똑같이 보고, 비난과 칭찬을 동일하게 여기는 것이 현실에서 어떻게 가능할까? 다음 장에서 크리슈나는 아르주나의 이러한 의문들에 도움을 주기 위해 몸과 마음의 이론에 대해 상세하게 설명한다.

7장
/

참자아에 대한
진정한 앎

/

7장에서 크리슈나는 앞에서 일부 설명한 브라흐만, 아트만, 프라크
리티, 푸루샤에 대해 총 정리를 한다. 인간은 육체라는 물질적 본성
을 가지고 살기 때문에 진짜 세계를 보지 못한다. 앞에서 설명한 대
로 인간이 보고 느끼는 가짜 세계가 아닌 진짜 세계가 브라흐만이며
진짜 세계를 볼 수 있는 진짜 마음이 아트만(참자아)이다. 인간이 가
지고 있는 물질적 본성이 프라크리티이며 인간에게 일어나는 모든
내적 작용, 예컨대 감각 능력, 자의식, 인지 능력 등이 프라크리티로
부터 비롯된다. 이러한 물질적 본성의 작용이 일어나는 대로 안주하
지 않고 그 작용을 확실히 알고 제어할 때 아트만을 볼 수 있다. 프라
크리티의 작용 이면에 존재하며 인간의 모든 인식 및 감각의 작용이

프라크리티에 의한 것임을 깨닫게 될 때 드러나는 진짜 마음이 푸루샤다.

✽　　　✽　　　✽

아르주나　크리슈나여, 물질과 정신, 몸과 몸의 주재자에 관하여 알고
　싶습니다. (추가)

크리슈나　아르주나여, 몸(밭)과 몸을 주관하는 자(밭을 경작하는 자)를
　동시에 아는 것이 참다운 지혜다. 몸이란 무엇인가? 몸은 어떤 성질
　을 가지고 있으며 그 성질은 어떻게 변하는가? 몸을 주관하는 자는
　누구이며 그에게는 어떤 능력이 있는가? 이런 의문에 대하여 간략히
　설명하겠다.
　　아르주나여, 물질적인 원소, 감각 기관, 감각 대상, 작용 기관, '나'
　라는 생각, 기억력, 분별력, 그리고 아직 물질로 나타나지 않은 에너
　지 등으로 구성된 것이 몸이다. 욕망과 증오, 쾌락과 고통, 육체와
　지성, 의지의 다양한 형태가 몸의 변화다.
　　몸의 구성 요소와 그 변화를 아는 사람은 오만과 거짓에서 벗어
　난다. 비폭력, 용서, 정직, 순수, 스승에 대한 헌신이 그들의 특징
　이다. 그들은 내적인 힘을 가지고 있으며 자신을 잘 제어하고 감각

대상과 자아의 욕망에 집착하지 않는다. 이런 사람은 생로병사와 고통에 대한 깊은 통찰력을 가지고 있다.

몸의 구성 요소와 그 변화를 아는 사람은 소유물에 대한 집착에서 벗어난다. 남편이나 아내, 자식에게도 애착을 가지지 않는다. 이런 사람은 행운이나 불행을 평등한 눈으로 바라본다. 이들은 한결같은 마음으로 나에게 헌신하며, 세상 사람들과 무리 지어 어울리기보다는 한적한 곳에 홀로 있으면서 오직 나를 찾는 일에 몰두하기를 좋아한다. 이렇게 언제 어디서나 앎의 궁극적 목표인 아트만을 찾는 것이 참다운 지혜다. 아트만이 아닌 다른 것을 구하는 것은 무지다.

아르주나 브라흐만은 무엇입니까? (추가)

크리슈나 이제 그대에게 불멸에 이르는 지혜, 존재도 아니고 비존재도 아니면서 시작도 없는 브라흐만에 대하여 말해 주겠다. 그는 모든 방향에 손과 발이 있고 모든 방향에 눈과 머리와 입이 있고 모든 방향에 귀가 있어서 세상 모든 것을 감싸며 존재한다. 그는 감각 기관이 없지만 모든 감각 대상을 인지한다.

그는 아무것에도 집착하지 않지만 모든 것을 지탱하며, 물질적인 성질이 없지만 모든 물질적인 성질을 향수한다. 그는 가까이 있으면서 동시에 멀리 있고, 안에 있으면서 동시에 밖에 있으며, 움직이는 동시에 움직이지 않는다. 그는 이해를 넘어서는 존재다.

그는 그 자체로는 구분되지 않은 상태로 존재하지만 모든 존재 안에 구분된 상태로 있다. 그는 존재들을 지탱하는 유지자이며 존재들을 삼키고 지배하는 자다. 그는 모든 존재의 가슴속에 머문다. 그는 모든 빛의 원천이다. 그는 어둠을 초월해 있다. 그는 모든 앎의 대상이며 목표이며 앎 자체다.

아르주나 프라크리티와 푸루샤는 무엇입니까? (추가)

크리슈나 지금까지 설명한 몸, 앎, 앎의 대상을 확실히 이해하라. 나를 섬기는 자는 이것을 이해함으로써 나의 상태에 이른다. 프라크리티와 푸루샤는 둘 다 시작이 없다. 물질의 세 성질(밝은 기운인 삿트바, 활동적인 기운인 라자스, 어두운 기운인 타마스)과 변화는 모두 프라크리티에서 비롯된다. 프라크리티가 모든 행위의 원인이며 결과이며 행위다. 하지만 모든 쾌락과 고통의 향수자는 푸루샤다. 푸루샤는 프라크리티 안에 머물면서 프라크리티에서 비롯된 구나(기질)의 활동을 지켜보며 경험한다.

구나의 활동에 대한 집착이 선과 악이 세상에 탄생하게 된 원인이다. 육체 안에 머물고 있는 지고한 푸루샤는 지켜보는 자이며 인도하는 자다. 그는 향수하는 자이며 지탱하는 자다. 그가 곧 지고한 아트만이며 대 주재자다. 푸루샤와 프라크리티, 구나의 본성과 변화를 이해한 사람은 어떤 길을 선택했느냐와 관계없이 윤회의 굴레에서 벗어난다.

어떤 이들은 명상 수행을 통해, 어떤 이들은 지혜의 길을 감으로써, 어떤 이들은 순수한 행위의 길을 감으로써 내면의 아트만을 깨닫는다. 또 어떤 이들은 이런 길을 전혀 모른 채 스승의 가르침을 듣고 따르기만 하는데 이들 역시 죽음의 바다를 건넌다.

아르주나여, 움직이는 것이나 움직이지 않는 것이나 존재하는 모든 것은 프라크리티와 푸루샤, 즉 몸과 몸을 주재하는 자의 결합으로 이루어진다. 모든 존재들 속에 평등하게 머물며 그들이 소멸하더라도 소멸되지 않는 지고한 주님을 보는 사람이 진정으로 보는 자다.

아르주나 프라크리티의 작용을 알면 곧 아트만을 보는 것입니까? (추가)

크리슈나 모든 존재들 속에 동일한 주님이 계신 것을 보는 사람은 자신을 죄인으로 정죄하지 않고 지고한 목표에 도달한다. 모든 행위는 물질적인 성질 변화에 따라 일어나며, 아트만은 행위자가 아님을 아는 사람이 참으로 보는 사람이다. 모든 존재의 근원은 하나이며 그 하나의 근원에서 만물이 전개되어 나옴을 보는 사람은 지고한 브라흐만의 경지에 이른다. 아트만은 시작도 없고 성질의 변화도 없고 끝도 없다.

아르주나여, 아트만이 몸속에 머물고 있지만 그는 어떤 행위도 하지 않으며 어떤 행위에도 영향을 받지 않는다. 공기가 허공에 퍼져 있어도 그것의 미세함 때문에 더럽혀지지 않듯이 자아는 몸에 거하지만 어디에서도 더럽혀지지 않는다. 하나의 태양이 온 세상을 비추듯이 아트만은 세계 전체를 비춘다. 지혜의 눈이 열린 사람은 몸과 몸을 아는 자를 혼동하지 않고 프라크리티의 구속에서 벗어나 지고한 경지에 이른다.

❋　　　❋　　　❋

7장에서 아르주나는 몸이 무엇인지, 몸을 주관하는 자가 누구인지를 묻는다. 여기서 아르주나가 몸에 대하여 질문한다는 것 자체가 아르주나의 정신 세계에 큰 발전이 있음을 의미한다. 왜냐하면 인간은 몸을 가지고 살아가지만 몸을 당연하게 생각하고 그 자체에 의문을 갖는 경우는 드물기 때문이다. 또한 몸을 주관하는 자는 당연히 자기 자신이라고 생각하고 그 자체에 의문을 가지지 않는다.

몸에 의문을 품은 아르주나에게 크리슈나는 "물질적인 원소, 감각 기관, 감각 대상, 작용 기관, '나'라는 생각, 기억 능력, 분별 능력, 그리고 이직 물질로 나타나지 않은 에너지 등으로 구성된 것이 몸"이고, "욕망과 증오, 쾌락과 고통, 육체와 지성, 의지의 다양한 형태가 몸의 변화"라고 설명한다. 이를 통해 크리슈나는 아르주나로 하여금 몸과 몸의 변화를 객관적으로 들여다보게 함으로써 모든 집착과 욕망이 자신의 몸을 자신의 것으로 생각하고 자신이 몸을 주재한다고 생각하는 데에서 비롯됨을 깨닫게 한다.

아르주나는 몸의 구성 요소와 변화를 아는 사람은 소유물에 대한 집착에서 벗어나고 결국 브라흐만에 이르게 된다는 말을 듣고 브라흐만이 무엇인지 묻는다. 아르주나의 질문을 보면서 우리는 브라흐만이 무엇인지에 대한 크리슈나의 명쾌한 대답을 기대하지만, 크리슈나의 대답은 의외로 명쾌하지 않다.

이제 그대에게 불멸에 이르는 지혜, 존재도 아니고 비존재도 아니면서 시작도 없는 브라흐만에 대하여 말해 주겠다. 그는 모든 방향에 손과 발이 있고 모든 방향에 눈과 머리와 입이 있고 모든 방향에 귀가 있어서 세상 모든 것을 감싸며 존재한다. 그는 감각 기관이 없지만 모든 감각 대상을 인지한다.

그는 아무것에도 집착하지 않지만 모든 것을 지탱하며, 물질적인 성질이 없지만 모든 물질적인 성질을 향수한다. 그는 가까이 있으면서 동시에 멀리 있고 안에 있으면서 동시에 밖에 있으며 움직이는 동시에 움직이지 않는다. 그는 이해를 넘어서는 존재다.

그는 그 자체로는 구분되지 않은 상태로 존재하지만 모든 존재 안에 구분된 상태로 있다. 그는 존재들을 지탱하는 유지자이며 존재들을 삼키고 지배하는 자다. 그는 모든 존재의 가슴속에 머문다. 그는 모든 빛의 원천이다. 그는 어둠을 초월해 있다. 그는 모든 앎의 대상이며 목표이며 앎 자체다.

브라흐만은 우리의 사고로 이해할 수 있는 대상이 아니고 우리의 사고를 초월한 존재이기 때문에, 이러한 설명은 불가피하다. 브라흐만은 인간의 언어로 설명할 수 있는 것이 아니라 초월적인 의식 상태에서 직접 체험할 수밖에 없는 대상이기 때문에 어떤 말로도 설명할 수 없는 것이다.

7장에서 아르주나는 푸루샤와 프라크리티에 대해서도 질문한다. 앞서 설명한 바와 같이 프라크리티는 우리의 모든 행동, 생각, 감정 등 몸에서 일어나는 모든 작용을 일으키는 원인이다. 인간은 자신에게 드는 생각이나 느낌이 스스로 만든 것이 아니라 프라크리티에 의해 생긴 것임을 확실히 알게 될 때 진짜 세계를 볼 수 있다. 진짜 세계를 본다는 것은 자신의 진짜 마음, 즉 푸루샤를 본다는 것을 의미한다.

8장

/

참자아와 하나가 된
사람의 모습

/

8장에서는 아트만(참자아)에 대한 깨달음의 정도가 사람마다 다른 이유를 구나라는 개념으로 설명한다. 구나는 기질을 가리키며 삿트바(밝은 기운), 라자스(활동적인 기운), 타마스(어두운 기운)라는 세 가지 기운으로 구성되어 있다. 크리슈나는 세 가지 기운의 배합에 따라 인간의 내면 상태와 외적 모습이 다르게 나타난다고 설명하고, 구나에 의해 작동하는 프라크리티의 작용을 억제하고 참자아와 하나 된 사람은 어떤 모습인지를 보여 준다.

크리슈나 아르주나여, 이제 그대에게 최고의 지혜를 말해 주리라. 모든 성인들은 이것을 알고 궁극적인 완성에 이르렀다. 이 최고의 지혜를 성취한 사람은 나와 하나 되어 태어남과 죽음을 초월하여 영원히 현존한다.

아르주나여, 브라흐만은 나의 자궁이다. 나는 그 안에 씨를 넣는다. 그리하여 모든 존재가 출현한다. 세상의 모든 존재는 자궁에서 태어나며 내가 씨를 뿌리는 아버지다. 삿트바, 라자스, 타마스라는 물질의 세 기운은 불멸의 자아를 육체 속에 가둔다.

삿트바는 밝고 순수하며 평화로운 기운이다. 그러나 삿트바에서 비롯되는 행복과 지혜에 대한 집착은 정신을 육체에 속박할 수도 있다. 라자스는 욕망과 집착에서 생기는 격정적인 기운이다. 라자스의 격정적인 활동으로 말미암아 육체의 주인인 아트만이 미혹에 가려진다. 타마스는 무지에서 비롯되는 어두운 기운이다. 타마스의 이 어두운 힘으로 말미암아 육체의 주인인 아트만이 가려진다. 모든 존재들이 이 기운들로 말미암아 둔함과 게으름의 잠에 빠진다.

아르주나 구나의 작용에 대하여 더 알고 싶습니다. (추가)

크리슈나 아르주나어, 삿트비는 그대를 행복에 집착하게 하고 라자스는 그대를 활동으로 몰아넣으며 타마스는 그대의 지혜를 덮어 혼란에 빠지게 한다. 어떤 때는 삿트바가 라자스와 타마스를 앞지른다. 어떤 때는 라자스가 삿트바와 타마스를 앞지른다. 어떤 때는 타마스가 라자스와 삿트바를 앞지른다.

삿트바의 밝고 고요한 기운이 우세할 때는 육체의 모든 세포가 지혜의 빛으로 밝아진다. 라자스의 활동적인 기운이 우세할 때는 이기적인 욕망과 집착, 불안 등으로 인해 끊임없이 활동으로 내몰린다. 타마스의 어두운 기운이 우세할 때는 무지와 혼란과 게으름과 망상에 빠진다. 죽음의 길을 가는 사람에게 삿트바의 밝고 고요한 기운이 우세하면 그는 현자들이 사는 순수한 곳으로 간다. 라자스의 활동적인 기운이 우세하면 행위가 지배하는 세상에 태어난다. 타마스의 어두운 기운이 우세하면 무지한 존재의 자궁으로 들어간다.

선한 행위는 삿트바의 열매이며 고통은 라자스의 열매이고 무지는 타마스의 열매이다. 지혜는 삿트바에서 생기고 탐욕은 라자스에서 생기며 무지와 혼란은 타마스에서 생긴다. 삿트바에서 사는 사람은 위에 있는 세계로 가고 라자스에서 사는 사람은 이 세상에 다시 태어나며 타마스에서 사는 사람은 아래에 있는 세계로 간다.

지혜가 있는 사람은 모든 행위가 세 가지 기운의 활동임을 안다. 그러나 물질 차원의 세 기운 너머에 있는 것을 아는 사람은 나의 상태에 이른다. 육체에서 비롯되는 물질의 세 가지 기운을 초월하는 사람은 생로병사의 수레바퀴에서 벗어나 영원한 자유를 얻는다.

아르주나 오, 크리슈나여! 물질 차원의 세 기운을 초월한 자의 특징은 무엇입니까? 그는 어떻게 살아가며 어떻게 행동합니까? 그리고 어떻게 해야 구나의 세 기운에서 벗어날 수 있습니까?

크리슈나 물질 차원의 세 기운을 초월한 사람은 밝으면 밝은 대로 놔두고 활동적이면 활동적인 대로 놔두며 어두우면 어두운 대로 놔둔다. 어떤 상태를 싫어하거나 갈구하지 않는다. 그는 멀리서 바라보는 구경꾼처럼 물질의 기운들이 활동하는 것을 그저 바라볼 뿐, 흔들리지 않는 상태로 머물러 있다.

　그는 괴로움과 즐거움을 하나로 보며 흙덩이와 돌과 황금을 똑같은 것으로 여긴다. 그는 칭찬을 들어도 기뻐하지 않고 비난을 받아도 화를 내지 않는다. 그는 명예와 불명예를 똑같이 보고 친구와 적을 똑같이 여기며 인위적인 행위를 꾀하지 않는다. 이런 사람을 물질 차원의 기운을 초월한 자라고 한다.

　끊임없는 박티 요가로 오직 나에게만 마음을 바치는 사람은 물질 차원의 세 기운을 초월하여 브라흐만의 차원에 이른다. 나는 브라흐만의 뿌리이며 걸고 사라지거나 변하지 않는 영원한 진리이며 유일

한 행복의 근원이기 때문이다.

❊　　　❊　　　❊

진짜 세계를 보는 데에 사람마다 차이가 있는 것은 구나 때문이다. 앞에서도 여러 번 설명한 바와 같이 구나는 삿트바, 라자스, 타마스라는 세 가지 기운으로 구성되며, 이 세 가지 기운의 배합에 따라 인간의 마음과 행동이 다르게 나타난다. 삿트바는 밝고 순수하며 평화로운 기운이고, 라자스는 욕망과 집착에서 생기는 격정적이고 활동적인 기운이며, 타마스는 무지에서 비롯되는 어두운 기운이다. 세 가지 기운 중에서 삿트바는 라자스나 타마스에 비하여 좋은 기운처럼 보이지만 정신을 몸에 속박시킨다는 점에서는 같다. 시시각각으로 변화하는 세계, 그에 따른 마음의 변화는 구나의 작용 때문이므로, 세 가지 기운을 모두 제어할 수 있어야 진짜 세계를 볼 수 있다.

물질 차원의 세 기운을 초월한 사람은 밝으면 밝은 대로 놔두고 활동적이면 활동적인 대로 놔두며 어두우면 어두운 대로 놔둔다. 어떤 상태를 싫어하거나 갈구하지 않는다. 그는 멀리서 바라보는 구경꾼처럼 물질의 기운들이 활동하는 것을 그저 바라볼 뿐, 흔들리지 않는 상태로 머물러 있다.

9장

/

깨달음을 향한
흔들리지 않는 자세

/

9장에서 아르주나는 아트만에 대한 깨달음이 흔들릴까 봐 두려워하며 크리슈나에게 믿음을 유지하기 위한 방법을 묻는다. 크리슈나의 대답은 간단하다. 끊임없이 노력하라는 것. 즉, 끊임없이 싸워야 한다는 것이다. 자신의 이기적인 욕망, 행위를 할 때 결과에 집착하는 마음, 아무 이유도 없이 몰려드는 헛된 생각이나 잡념과 죽을 때까지 싸워야 한다. 그렇게 싸우는 과정 자체가 아트만(참자아)에 대한 믿음을 유지하는 과정이다.

        ❊   ❊   ❊

크리슈나   현자에 의하면 불멸의 보리수는 뿌리가 위를 향해 있고 가지는 아래로 둔다. 잎은 베다의 노래요, 그것을 아는 이는 베다를 아는 이니라. 그 가지는 아래위로 뻗어 있으며 물질 세계의 세 가지 구나를 섭취하면서 감각의 대상에 의해 그 싹을 내며 뿌리는 인간 세상의 행위와 얽혀 있다. 이 세상에서 그 형상은 끝도 시작도 지속도 보이지 않는다. 그대는 무성하게 뿌리를 내리고 있는 이 나무를 단단한 무집착의 도끼로 잘라 내야 한다. 그러고 나서 모든 행위와 에너지의 발원지인 원초적 정신에 귀의할 것을 다짐하면서 한번 가면 다시 되돌아오지 않을 경지를 찾아야 한다.

아르주나   그러한 경지에서 영원히 살고 싶습니다. 다시는 이기적인 욕망과 집착으로 흔들리고 싶지 않습니다. _(추가)

크리슈나   헛된 자만심과 망상에서 벗어난 사람, 이기적인 욕망과 집착에서 벗어난 사람, 기쁨과 고통의 분별을 넘어선 사람, 그리하여 어떤 것에도 마음이 흔들리지 않고 항상 아트만 안에 머무는 사람은 영원한 목표에 이르게 될 것이다.

   해도 달도 불도 그것을 비추지 못한다. 한번 가면 되돌아오지 않을 그곳이 나의 영원한 집이다. 모든 영혼 속에 깃들어 있는 아트만은 나누어질 수 없는 나의 영원한 부분이다. 이 나의 영원한 부분이 육체 속에 머무는 동안 나는 감각과 마음의 속박을 받는 것처럼 보인다. 바람이 이곳에서 저곳으로 향기를 퍼뜨리는 것처럼 나는 이 육체에서 저 육체로 옷을 갈아입는다.

　나는 이런 식으로 개체의 영혼이 되어 마음과 눈과 귀와 코와 혀와 피부를 통해 감각의 대상을 즐긴다. 망상에 사로잡힌 사람은 육체 속에 머물면서 감각의 대상을 즐기는 나를 감지하지 못한다. 또 감각의 대상을 즐기다가 육체를 벗고 떠나는 나를 감지하지 못한다. 하지만 지혜의 눈이 열린 사람은 나를 감지한다.

아르주나　스승님의 도움으로 어렵게 깨닫게 된 현재의 제 마음 상태를 유지하려면 어떻게 해야 합니까? (추가)

크리슈나　열심히 요가를 실천하는 사람들은 자신 속에 머물고 있는 아트만을 본다. 하지만 무지하고 게으른 사람은 아무리 애써도 아트만을 발견하지 못한다. 이 세상을 밝게 비추는 해와 달과 모든 불빛은 나에게서 비롯된 것임을 알라. 나는 대지에 스며들어 활력으로 모든 존재를 유지시키며 생명의 물을 내려 주는 달의 신이 되어 모든 약초를 키운다. 나는 모든 존재의 호흡 속에 들어가 생명을 주는 숨이 된다. 나는 음식을 소화시키는 위장 속의 불기운이다. 나는 모든 존재들의 심장에 자리하여 그들에게 기억과 지혜를 주고 어리석음을 제거한다.

이 세상에는 두 종류의 존재가 있다. 하나는 소멸되어 없어지는 존재고 다른 하나는 영원한 존재다. 물질로 된 육체는 소멸되어 없어지는 존재고 거기에 깃들어 있는 정신은 영원한 존재다. 이 둘을 초월한 가장 높은 존재는 아트만이다. 아트만은 온 우주에 충만하게 스며 있으며 만물을 양육하고 지탱하는 영원한 주님이다. 나는 모든 경전이 최상의 존재로 찬양하는 생멸과 불멸을 초월한 아트만이다.

그러니 아르주나여, 나를 깨달은 사람은 전지한 자다. 그들은 마음을 다 바쳐 나를 믿고 사랑한다. 아르주나여, 나는 그대에게 가장 깊은 진리를 전해 주었다. 이 가르침을 깨닫는 사람은 지혜를 얻는다. 그러면 그는 자신의 모든 의무를 완수한 것이다.

아르주나   제가 온전히 깨달음의 길을 갈 수 있을지 두렵습니다. (추기)

크리슈나   아르주나여, 두려워하지 마라. 마음을 깨끗하게 지켜라. 즈나나 요가의 길에서 흔들리지 마라. 베풀어라. 절제하라. 신을 섬겨라. 경전을 탐구하라. 집착을 버리고 진리를 추구하라. 분노하거나 해치지 마라. 모든 존재를 자비로움으로 대하라. 욕심 부리지 말고

선을 행하라. 강인한 정신력과 인내심과 순결힘을 기워라. 원한을 품지 마라. 자만심을 버리고 겸손하라. 그러면 신적인 성품이 완성될 것이다.

아르주나여, 위선과 오만과 편견, 분노와 잔인함과 무지, 이런 것들은 사람을 악마의 차원으로 떨어뜨린다. 신성한 생명은 해탈로, 악마적 속성은 속박으로 이끈다. 아르주나여, 그대는 신성을 가슴에 안고 태어났으니 슬퍼하지 마라.

아르주나 깨달음의 길에는 어떤 위험이 있습니까? (추가)

크리슈나 아르주나여, 어떤 사람은 신적인 길을 따라 살아가고 어떤 사람은 악마적인 길을 따라 살아간다. 신적인 길은 이미 말했으니 악마적인 길에 대해 말하겠다. 악마적인 길을 가는 사람은 마땅히 해야 할 일은 하지 않고 하지 말아야 할 일을 열심히 한다. 그들은 무엇이 옳고 무엇이 순수하며 무엇이 진리인지 모른다. 그들은 신이 없다고 말한다. 진리도, 영적인 법칙이나 질서도 없다고 말한다. 세상 만물은 욕망에 의해 우연히 태어난 것일 뿐이라고 말한다. 이러한 견해를 고집하면서 자기가 아는 부분적인 지식을 최고로 여기며 세상을 고통과 파멸로 몰아넣는 짓을 서슴없이 행한다.

그들은 위선과 자만심과 오만에 사로잡혀 있다. 그들은 부질없는 망상에 빠져 살고 있다. 그들의 탐욕은 끝이 없다. 그들은 만족할 줄 모르고 이기적인 욕망을 추구한다. 그들은 감각적인 즐거움을 최고라고 생각하며 죽는 날까지 갈망에서 벗어나지 못한다. 그들은 수만 가지 갈망의 올가미에 걸려 탐욕과 분노에 내몰린다. 욕망을 충족하기 위해 재물을 모으는 데 집중한다.

그들은 이렇게 생각한다. '나는 이것을 얻었고 이 소원을 성취할 것이다. 이것은 내 것이고 이 재물은 나의 것이 될 것이다.' '나는 적을 없애 버렸다. 내일은 다른 적을 없애 버릴 것이다. 내가 내 인생의 주인이다. 나는 원하는 것을 마음대로 즐길 수 있다. 나는 성공했고 힘이 있으며 행복하다.' '나는 부유하고 고귀한 집안 출신이다. 나와 견줄 자는 없다. 나는 제사를 올릴 것이며 보시를 행할 것이며 즐거울 것이다.' 이렇게 탐욕의 올가미에 낚이고 망상의 거미줄에 걸린 사람은 탐욕을 좇다가 마침내 어두운 지옥에 떨어진다.

아르주나 악마적인 사람에 대하여 더 듣고 싶습니다. (추가)

크리슈나 그들은 자만심이 강하고 완고하며 돈이 있다고 우쭐한다. 제사를 드려도 제사의 참뜻과는 전혀 관계없이 남에게 보이려고 할 뿐이다. 그들은 이기심과 폭력과 오만, 탐욕과 분노로 자신을 채움으로써 자기 속에, 그리고 다른 존재 속에 머물고 있는 나를 욕되게 한다. 나는 이 가증스럽고 잔인하고 더러운 인간들을 악마의 자궁 속으로 던져 놓는다.

아르주나여, 저들은 어두운 악마의 자궁 속으로 들어가 생을 거듭할수록 더욱 미혹되어 나에게 이르지 못하고 어두운 삶만을 반복하게 된다. 욕망과 분노와 탐욕은 스스로를 파멸의 지옥으로 던져 넣는 세 가지 문이다.

아르주나여, 그대는 이 세 가지 문을 버리도록 하라. 지옥에 이르는 이 세 가지 문을 피해 깨달음을 추구하고 지고한 목표에 도달하라. 경전의 가르침을 무시하고 이기적인 욕망을 따르는 사람은 삶의 목표에 도달하지 못하고 진정한 행복도 맛보지 못한다. 그러므로 경전의 가르침에 따라 해야 할 것과 하지 말아야 할 것이 무엇인지 정확히 분별하라. 그런 다음 그 가르침대로 행동하라.

아르주나 오, 크리슈나여, 경전의 가르침대로 살지는 않지만 나름대로 믿음을 가지고 제사를 지내는 사람들은 어떻게 됩니까?

크리슈나 인간의 믿음에는 세 종류가 있다. 삿트바에서 비롯되는 믿음, 라자스에서 비롯되는 믿음, 타마스에서 비롯되는 믿음이 그것이다. 아르주나여, 믿음은 그 사람의 기질을 닮는다. 사람의 특성은 그가 가지고 있는 믿음의 특성이다. 그 사람의 믿음이 바로 그다.

기질이 밝고 고요한 사람은 신을 숭배한다. 기질이 격정적인 사람은 부와 권력을 숭배한다. 기질이 어두운 사람은 귀신을 섬긴다. 어떤 사람은 가혹한 고행을 하기도 한다. 하지만 위선과 이기심으로 행하는 고행은 육체만 괴롭힐 뿐이며, 몸 안에 머물고 있는 나를 괴롭히는 행위다. 야망에 휩싸인 채 갖가지 고행을 하는 자들은 생각하고 행동하는 것이 악마와 같다.

음식, 제사, 고행, 보시도 세 종류가 있다. 이에 대하여 말하겠다. 기질이 밝고 고요한 사람은 부드럽고 신선하며 제맛이 살아 있는 음식을 좋아한다. 이들은 활기를 돋우고 기운을 맑게 하며 건강을 증진시키는 음식을 좋아한다. 기질이 격정적인 사람은 짜거나 매운 자극적인 음식을 좋아한다. 이런 음식은 고통과 병의 원인이 된다. 기질이 어두운 사람은 타거나 상하거나 신선하지 않은 음식을 좋아한다. 이들은 대체로 제맛을 잃어버린 음식을 좋아한다.

아르주나 기질에 따라 제사, 고행, 자선을 행하는 것이 이렇게 달라집니까? (추가)

크리슈나 기질이 밝고 고요한 사람은 대가를 바라지 않고 오직 경전의 가르침에 따라 순수한 마음으로 제사를 드린다. 기질이 격정적인 사람은 좋은 결과를 기대하는 마음, 또는 남에게 보이기 위하여 제사를 드린다. 기질이 어두운 사람은 규범을 어기고 신성한 제물을 바치지 않으며 주문도 없고 믿음도 없는 제사를 드린다.

신과 지혜로운 사람과 영적인 스승을 섬기는 것, 청결함과 단순함과 절제와 비폭력, 이것이 몸의 고행이다. 위로하는 말과 진실한 말을 하는 것, 친절하고 유익한 말을 하는 것, 규칙적으로 경전을 낭독하는 것, 이것이 말의 고행이다. 고요함과 부드러움과 침묵을 지키는 것, 자기를 제어하고 순수한 마음을 가지는 것, 이것이 마음의 고행이다.

기질이 밝고 고요한 사람은 지극한 믿음으로 결과에 집착하지 않고 이 세 가지 훈련을 한다. 기질이 격정적인 사람은 다른 사람에게 보이기 위하여, 또는 칭찬을 받기 위하여 고행을 한다. 그들의 고행은 불안정하며 지속성이 없다. 기질이 어두운 사람은 자신을 괴롭히기 위하여 또는 다른 사람을 파멸시키기 위하여 고행을 한다.

기질이 밝고 고요한 사람은 대가를 바라지 않고 당연히 베풀어야 한다는 생각으로 베푼다. 그들은 적절한 상황에서 적절한 사람에게 도움을 준다. 기질이 격정적인 사람은 대가를 기대하면서 마지못해 자선을 베푼다. 기질이 어두운 사람은 때와 장소가 적절치 못한 상황에서 적절하지 않은 사람에게 존중하는 마음도 없이 자선 행위를 한다.

＊　　　＊　　　＊

8장까지 크리슈나는 참자아를 깨달으며 사는 삶에 대해 설명했으므로 9장에서는 그와 반대되는 길을 설명한다. 그 길은 바로 '악마적인 길'이며 그런 길을 걷는 사람은 위선, 자만심, 오만에 사로잡혀 있고 온갖 망상과 탐욕으로 가득 차 있다. 그들은 다음과 같이 생각한다.

'나는 이것을 얻었고 이 소원을 성취할 것이다. 이것은 내 것이고 이 재물은 나의 것이 될 것이다.' '나는 적을 없애 버렸다. 내일은 다른 적을 없애 버릴 것이다. 내가 내 인생의 주인이다. 나는 원하는 것을 마음대로 즐길 수 있다. 나는 성공했고 힘이 있으며 행복하다.' '나는 부유하고 고귀한 집안 출신이다. 나와 견줄 자는 없다. 나는 제사를 올릴 것이며 보시를 행할 것이며 즐거울 것이다.'

이런 악마적인 길을 가는 사람은 특별한 사람이 아니다. 정도 차이가 있을 뿐 대부분의 사람들은 이러한 길을 가고 있다. 항상 '나'를 생각하고 내가 가장 잘나 보이기를 바라며, 가능한 한 많은 돈을 가지고 싶어 한다. 물론 이러한 마음을 갖는다고 나쁜 것도 아니며 어쩌면 인간으로서 가장 자연스러운 것일 수도 있다. 그런데도 크리슈나가 아르주나에게 이러한 길을 악마적인 길이라고 지적하면서 미련

없이 떨쳐 버리라고 하는 이유는 거기서 벗어나려고 노력할 때 더 좋은 세계, 윤회의 수레바퀴를 벗어나 해탈의 세계가 열리기 때문이다.

좋은 세계에 들어가기 위해서는 오로지 스스로 실천하는 방법밖에 없다. 욕심이 생기면 욕심을 버리는 실천, 분노가 일어나면 참는 실천, 집착을 버리는 실천, 자선을 베풀되 대가를 바라지 않는 실천 등등 순간순간 자신의 생각과 말과 행동을 올바르게 하고자 노력하는 실천을 통해서만 더 좋은 진짜 세계로 조금씩 다가갈 수 있다. 그것을 크리슈나는 이렇게 말한다.

아르주나여, 두려워하지 마라. 마음을 깨끗하게 지켜라. 즈나나 요가의 길에서 흔들리지 마라. 베풀어라. 절제하라. 신을 섬겨라. 경전을 탐구하라. 집착을 버리고 진리를 추구하라. 분노하거나 해치지 마라. 모든 존재를 자비로움으로 대하라. 욕심 부리지 말고 선을 행하라. 강인한 정신력과 인내심과 순결함을 키워라. 원한을 품지 마라. 자만심을 버리고 겸손하라.

10장
/

깨달음에 대한 맹세

/

10장에서 크리슈나는 참자아에 대한 믿음을 지속적으로 유지하기 위해서는 행위, 인식, 지성, 의지, 행복과 관련해 일상적인 삶에서 추구해야 할 것과 피해야 할 것을 설명한다. 마지막까지 크리슈나의 설명이 길게 이어지는 것은 참자아에 대한 믿음을 유지하기 위한 노력은 끝이 없기 때문이다.

✳   ✳   ✳

아르주나 크리슈나여, 어떤 사람은 행위는 본디 악한 것이니 모두 버려야 한다고 말하고, 어떤 사람은 제사와 보시와 고행은 버리지 말

아야 한다고 합니다. 어떤 말이 맞는 말인가요? <small>(추가)</small>

크리슈나 아르주나여, 잘 들어라. 제사와 보시와 고행은 결코 버려서는 안 된다. 이 세 가지 행위는 영혼을 정화한다. 그러나 아르주나여, 이러한 행위도 집착을 버리고 대가를 바라지 않는 마음으로 행해야 한다. 이것이 가장 중요하다.

행위를 포기하는 것은 옳은 일이 아니다. 행위를 포기하는 것은 어리석음에 사로잡힌 결과이며 그것은 타마스(어두운 기운)에서 비롯된다. 단지 두렵거나 귀찮아서 행위를 포기하는 것은 라자스(활동적인 기운)에서 비롯되는 것이다. 이런 식의 포기로는 초월의 경지에 이르지 못한다.

주어진 일을 의무로 알고 결과에 대한 집착을 버리고 행하는 것은 삿트바에서 비롯된다. 삿트바(밝은 기운)에서 비롯한 포기로 가득 차 있는 자는 싫어하는 일이라고 꺼리지 않으며 좋아하는 일이라고 집착하지도 않는다. 육체를 가지고 있는 인간이 행위를 완전히 포기하기란 불가능하다. 진정한 포기는 행위의 결과에 대한 집착을 포기하는 것이다. 행위의 결과를 기대하는 사람은 즐거움과 괴로움, 또는 그 중간, 이 세 가지를 맛본다. 그러나 결과에 대한 집착을 포기한 사람은 초월적인 자유를 누린다.

아르주나 크리슈나여, 행위에 대하여 조금 더 자세히 말씀해 주십시오. (추가)

크리슈나 아르주나여, 잘 들어라. 이제 그대에게 행위를 구성하는 다섯 가지 요소를 설명해 주겠다. 육체, 감각 기관, 기운, 감각 기관의 활동, 신적인 의지 이 다섯 가지가 모든 행위를 구성하는 요소들이다. 옳은 행동이든 그른 행동이든 생각과 말과 행위는 모두 이 다섯 가지 요소로 이루어진다. 행위의 이러한 성격을 이해하지 못하는 사람은 진실을 보지 못하고 자신을 행위자라고 생각한다. 스스로 '나'라는 생각이 없고 마음이 더러운 것으로 물들지 않은 사람은 어디에도 얽매이거나 구속받지 않는다.

아르주나 구나(기질)의 속성에 따라 인식, 행위, 행위자는 어떻게 달라집니까? (추가)

크리슈나 물질의 세 가지 기운 차이에 따라 인식과 행위의 성격이 달라진다. 이제 그것이 어떻게 다른지 말해 주겠다. 모든 존재 속에서 불멸하는 하나의 실재를 보며, 분리되어 있는 만물 속에서 분리되지 않은 통일성을 보는 것, 이것이 삿트바에서 비롯되는 인식이다. 만물을 서로 분리되어 있는 개체로 인식하는 것, 이것은 라자스에서 비롯되는 인식이다. 아무 근거 없이 아주 작은 부분을 전체로 아는 것, 이것은 타마스에서 비롯되는 인식이다.

결과에 대한 집착 없이 좋아하지도 싫어하지도 않는 마음으로 묵묵히 자신의 의무를 행하는 것, 이것은 삿트바에서 비롯되는 행위이다. 욕망을 충족하기 위해, 또는 자신의 뜻을 관철하기 위해 있는 힘을 다하여 노력하는 것, 이것은 라자스에서 비롯되는 행위이다. 행위의 결과로 입을 손실이나 다른 사람이 받을 고통이나 상처를 고려하지 않고 행동하는 것, 이것은 타마스에서 비롯되는 행위이다.

집착에서 벗어나 자기를 내세우지 않는 사람, 성공과 실패를 동일하게 여기는 사람은 삿트바적 행위자이다. 욕망을 가지고 행위의 결과를 바라며 순수하지 않은 마음을 가지고 행복과 불행에 웃고 우는 사람은 라자스적 행위자이다. 자신을 전혀 제어하지 못하는 사람, 저속하고 완고하고 남을 속이는 사람, 게으르고 낙담을 잘하며 매사 질질 끄는 사람은 타마스적 행위자이다.

아르주나 구나의 기운에 따라 지성과 의지는 어떻게 달라집니까? (추가)

크리슈나 행하는 것과 행하지 않는 것, 안전한 것과 안전하지 않은 것, 자유로운 것과 속박당함을 아는 것은 삿트바에서 비롯된 지성이다. 옳은 것과 그른 것을 구별하지 못하는 것, 해야 할 것과 하지 말아야 할 것을 구별하지 못하는 것, 이것은 라자스에서 비롯된 지성이다. 미망에 가려져 옳은 것을 그른 것으로, 그른 것을 옳은 것으로 여기며 모든 것을 왜곡하는 것은 타마스에서 비롯된 지성이다.

　마음과 호흡과 감각 기관을 잘 다스리는 것, 이것은 삿트바적 의지에서 비롯되는 것이다. 행위의 결과에 집착해 부와 쾌락과 명예를 추구하는 것은 라자스적 의지에서 비롯되는 것이다. 잠, 두려움, 슬픔, 낙심, 교만을 버리지 못하는 것은 타마스적 의지에서 비롯되는 것이다.

아르주나　구나의 기운에 따라 행복은 어떻게 달라집니까? (추가)

크리슈나　삿트바에서 비롯되는 행복감은 처음에는 독약처럼 쓰지만 마지막에는 감로처럼 달다. 그것은 아트만에 대한 깨달음과 지혜의 청정함에서 생긴다. 라자스에서 비롯되는 행복감은 처음에는 감로처럼 달지만 마지막에는 독약처럼 쓰다. 그것은 감각과 대상의 접촉에서 생긴다. 타마스에서 비롯되는 행복감은 수면, 무지, 게으름, 방만함에서 온다. 이런 행복감은 처음부터 끝까지 자아를 미혹시킨다. 땅에 있는 존재나 하늘에 있는 신들이나 물질의 세 기운에서 자유로운 존재는 하나도 없다.

아르주나 마지막으로 한 번만 더 브라흐만의 경지에 어떻게 도달할 수 있는지 말씀해 주십시오. (추가)

크리슈나 순수한 지성의 분별력을 가진 사람, 감각과 욕망을 다스리는 사람, 탐욕과 미움의 감정에서 벗어난 사람, 고요한 곳에서 명상적인 삶을 사는 사람, 몸과 마음과 말을 제어하는 사람, 나라는 의식, 오만함, 분노, 소유욕, 이기심을 버리고 평화로운 상태를 유지하는 사람은 브라흐만과 하나가 된 이들이다.

브라흐만과 하나가 된 사람은 자아에 만족해 슬퍼하지도 않고 갈구하지도 않는다. 이들은 모든 존재를 평등하게 보며 자신의 모든 것을 나에게 바친다. 이들은 나를 사랑함으로써 내가 누구인지 진실로 알고 나의 세계로 들어온다. 이들은 어떤 행위를 하더라도 항상 나를 의지하며 나의 은총을 입어 영원한 집으로 들어온다.

아르주나여, 마음으로 모든 행위를 나에게 맡기고 내면의 수행을 통해 늘 나에게 마음을 집중하라. 마음을 나에게 두는 자는 나의 은총으로 모든 어려움을 극복하리라. 그러나 나라는 생각에 사로잡혀 나를 거부한다면 파멸에 이를 것이다.

아르주나 크리슈나여, 제가 전쟁에 참여하지 않겠다고 고집을 피운 것은 저의 무지에서 비롯된 것임을 이제야 확실히 알겠습니다. (추가)

크리슈나 만약 그대가 그대의 생각만을 고집하여 '나는 싸우지 않겠다'라고 결심한다면 그것은 그릇된 것이다. 그대의 본성이 그대에게 명할 것이다. 그대가 무지 때문에 해야 할 일을 하지 않으려고 해도, 그대의 타고난 본성의 힘이 그대를 행위의 세계로 내몰 것이다. 아르주나여, 모든 존재의 가슴속에 머물고 계신 주는 모든 존재를 환술로 움직이게 한다. 온 힘을 다해 그에게 귀의하라. 그러면 그의 은총으로 궁극적인 평화를 얻으리라.

아르주나 이제야 스승님께서 전쟁에 망설임 없이 나가 싸우라고 하신 뜻을 알 것 같습니다. (추가)

크리슈나 그대는 지극한 지혜의 가르침을 들었다. 나에게 들은 것을 깊이 생각해 보고, 그다음에는 원하는 대로 행하라. 사랑하는 자여, 그대는 나에게 정말 사랑스러운 존재다. 이제 그대의 영적인 완성을 위해 마지막으로 유익한 가르침을 전해 주겠다.

언제 어디서나 나만 생각하고 나만 섬겨라. 그대의 모든 행위를 나에게 바치는 제물로 여겨라. 그러면 그대는 나에게 이를 것이다. 이것은 사랑하는 그대에게 주는 약속이다. 종교 의식이나 경전이나 그밖에 의지하는 모든 것을 버리고 오직 나에게만 의지하라. 그러면 모든 죄악에서 벗어날 것이다. 다시는 슬퍼하는 일이 없을 것이다.

나의 이 가르침을 나에게 헌신하는 마음이 없고 나를 비방하는 자에게 말하지 말라.

이 최고의 비밀은 나를 사랑하는 자에게만 전하라. 나를 사랑하는 이가 이 가르침을 들으면 의심하지 않고 바로 나에게 올 것이다. 이 가르침을 전해 주는 사람은 나에게 지극히 사랑스러운 존재다. 그보다 더 잘 나를 섬기는 사람은 없을 것이다. 이 성스러운 가르침에 대해 명상하는 것은 지혜와 헌신으로 나에게 예배하는 것이다. 신심을 지니고 불평 없이 나의 가르침을 받아들이는 사람은 모든 굴레에서 벗어나 선한 영혼들이 사는 아름다운 세계로 들어갈 것이다.

아르주나여, 나의 가르침을 주의 깊게 들었는가? 무지에서 비롯된 그대의 망상이 제거되었는가?

아르주나 예, 당신께서 저의 의심과 망상을 몰아내셨습니다. 당신의 은총으로 올바른 지각을 얻었습니다. 이제 저의 믿음은 확고해졌습니다. 당신의 뜻을 따르겠습니다.

산자야 왕이시여, 지금까지 말씀드린 것이 위대한 두 영혼 크리슈나와 아르주나가 나눈 이야기입니다. 저는 이들의 감동적인 대화를 들었습니다. 요가의 주님이신 크리슈나의 입으로부터 지고한 비밀을 들었습니다. 왕이시여, 크리슈나와 아르주나가 나눈 이 놀라운 대화를 기억할 때마다 저는 매 순간 감격합니다. 그리고 왕이시여, 놀라운 형상으로 나타난 크리슈나의 모습을 떠올릴 때마다 거듭 감격합니다. 요가의 주님이신 크리슈나가 있는 곳, 아르주나가 있는 곳에는 승리와 번영과 행복 그리고 정의가 늘 함께합니다. 저는 분명히 그렇다고 믿습니다.

＊　　　＊　　　＊

《기타》의 핵심 메시지는 우리가 보고 듣고 느끼며 생각하는 세계는 진정한 세계의 전체가 아니라 가짜이며 진짜는 따로 있다는 것이다. 나무의 모습은 계절에 따라 달라진다. 봄에는 가지에 싹이 트고 여름에는 잎이 무성해지지만 가을이 되면 낙엽이 떨어지고 겨울에는 앙상한 가지만 남는다. 그렇다면 나무의 다양한 변화로 나타난 모습 중 진짜 모습은 무엇인가?

외부에 있는 사물만 변하는 것이 아니라 우리 내면의 생각이나 감정도 시시각각으로 변한다. 어제 얄밉게 느껴졌던 친구가 오늘은 갑자기 고맙게 느껴지는 경우, 예전에는 싫었던 친구가 갑자기 좋아지는 경우, 어떤 느낌이 진짜일까? 고마운 모습과 얄미운 모습 중 어느 모습이 친구의 진짜 모습일까?

《기타》는 이러한 변화 중 그 어떤 것도 진짜가 아니고 그저 변하며 사라지는 현상일 뿐이라고 말한다. 육체의 한계로 인해 마음에서 일어나는 변화 때문에 세계도 항상 변하므로, 우리 마음 안에 있는 변하지 않는 아트만를 깨달아야 비로소 진짜 세계의 모습이 보인다는 것이다.

그렇다면 어떻게 참자아를 깨달을 수 있는가? 그것은 어디에, 어떤 형태로 있는 것일까? 참자아는 우리가 보고 듣고 느끼고 생각하는 현재의 마음과 따로 있는 것이 아니라 그것과 '함께' 있다. 함께 있다고 해서 따로 떨어진 두 개가 함께 있는 것이 아니라, 있는 것은 오직 하나지만 그 하나의 마음을 어떻게 갈고닦는가에 따라 참자아가 조금씩 나타난다는 것이다.

그렇다면 마음을 어떻게 갈고닦을 수 있는가? 우리는 항상 '나'를 생각하며 모든 생각과 행위를 '내가' 한다고 생각한다. 항상 나를 생각하기 때문에 언제나 나에게 유리한 것, 나에게 좋은 것을 갖고 싶어 한다. 어쩌면 현실 세계에서 이것은 지극히 당연하다. 하지만 마음을 갈고닦는다는 것은 이러한 마음의 당연한 움직임을 반대 방향으로 움직이게 하는 것을 의미한다. 이렇게 보면 우리의 마음에는 이기적인 욕망에 따라 움직이는 방향과 그 반대인 참자아를 향하는 방향이 있고, 그 양 끝 사이의 어느 지점에서 우리 마음이 움직이는 셈이다.

제사 같은 종교 의식, 자선, 고행 등의 행위가 이기적인 욕망에 의해 움직이는 우리 마음을 반대 방향으로 돌리는 구체적인 방법이 될 수 있다. 다만 이러한 행위가 이기적인 목적을 위해서가 아닌 참자아를 찾기 위한 것일 때 본래의 목적을 달성할 수 있다.

《기타》는 삶 속에서 실천할 수 있는 방법으로 카르마 요가를 제시한다. 이는 어떤 일을 하든 그 결과를 생각하지 않는 것, 결과에 대한 집착을 버리고 행하는 것을 의미한다. 어떤 행위를 하든 결과에 대한 집착을 버리는 것은 인간으로서 쉬운 일이 아니다. 어쩌면 불가능한 일일 수도 있다. 그래도 지속적으로 노력해야 하고, 그렇게 노력하다 보면 효과를 조금씩 느낄 수 있다고 말한다.

그러면 어떤 일이든 결과에 대한 집착을 버리고 열심히 하기만 하면 되는 것일까? 그렇지는 않다. 열심히 수행하는 행위 자체도 올바른 행위여야 한다. 그렇다면 올바른 행위는 어떤 행위일까? 그것은 누가 판단하는 것일까? 행위가 올바른지 아닌지는 결국 스스로 판단할 수밖에 없다. 자신의 실천이 올바른 방향을 향하고 있는지 판단할 능력을 갖추기 위해서는 마음 자체를 갈고닦아야 한다. 이는 경전 공부, 명상, 스승을 통한 배움 등을 통해 가능하다. 이것이 곧 《기타》가 말하는 즈나나 요가다.

카르마 요가와 즈나나 요가를 통해 끊임없이 노력함으로써 참자아를 어느 정도 깨닫고 나면 참자아를 깨닫기 위한 노력은 완성되는 것일까? 《기타》는 여기에 아니라고 답한다. 왜냐하면 육체를 가지고 살아가는 인간인 한, 한순간도 이기적인 욕망에서 벗어날 수 없기 때문이다. 따라서 참자아를 깨닫기 위한 노력은 살아 있는 한 한순간도 쉬지 않고 지속해야 한다. 평생 헌신해야 한다. 물론 열심히 노력하면 어느 정도 안정적인 수준에 도달할 수는 있을 것이다. 그러나 그렇다고 하여 노력을 쉬거나 멈춰서는 안 된다는 것이다. 이것이 《기타》가 말하는 박티 요가다.

마지막 장에서 크리슈나는 지금까지 아르주나에게 가르친 참자아를 깨닫는 방법과 실천에 대한 설명을 반복하여 제시한다. 그리고 아르주나는 더 이상 주저하지 않고 참자아를 깨닫기 위한 노력에 평생을 바치기로 맹세한다. 아르주나의 모습은 1장에서 전쟁에 참여하지 않겠다고 울고불고했던 모습과 완전히 대비된다. 마침내 아르주나는 전쟁 같은 삶과 대적하여 용감하게 싸울 준비가 되었고 과감하게 싸우러 나갈 수 있게 되었다.

이제 여러분도 자신 앞에서 펼쳐진 삶의 전쟁에 과감하게 뛰어들어 싸울 준비가 되었는가?

《바가바드 기타》,
욕망과 집착에서 벗어나는 길을 말하다

1. 《바가바드 기타》는 어떤 경전인가?

인도 철학사는 시대적으로 정확하게 구분되지 않지만 대표적인 인도 철학자 라다크리슈난이 다음과 같은 네 시대로 구분했다. 첫째는 '베다 시대'(기원전 1500년~기원전 600년)로 인도 유럽족의 하나인 아리안족이 인도 서북부에 정착하고 힌두교의 가장 오래된 경전인 《베다》를 형성해서 인도 철학의 사상적 근원을 마련한 시대이다. 《베다》는 자연에 대한 경외감에서 시작된 신앙이 인격신의 단계로 진전되면서 각종 의례 등을 담은 인도 최초의 종교적 문헌이다. 인도의 유명한 경전 중 하나인 《우파니샤드》도 《베다》의 맨 끝에 부록으로 담겨 있다. 둘째는 '서사시 시대'(기원전 600년~기원후 200년)로 인도 철학이 이론적인 체계를 갖추기 시작하는 시대이다. 인도의 대서사시 《라마야나》와 《마하바라타》도 이 시대에 나왔으며 인도 철학에서 비정통 철학으로 구분되는 불교나 자이나교 등이 등장하는 것도 이때다. 셋째는 '경전 성립 시대'(기원후 200년 이후)로 다양한 철학적 학파의 사상 체계가 다양한 경전으로 나타나는 시대이다. 넷째는 '주석서 시대'로 앞의 경전 성립 시대와 시대적으로 뚜렷하게 구분되지는 않지만 다양한 경전들의 설명서인 주석서들이 나오고 인도 철학이 본격적으로 발전한 시대이다.

산스크리트어로 '거룩한 자의 노래' 혹은 '신의 노래'라는 뜻을 가진 《바가바드 기타》는 인도의 대서사시 《마하바라타》의 한 부분인데, 위에서 설명한 인도 철학의 시대 중 서사시 시대인 기원전 4~5세기경에 기록한 것으로 추정된다. 《마하바라타》는 베다 시대 아리안족의 하나인 바라타족의 전쟁 서사시로, 현재 델리 부근인 쿠루크셰트라라는 지방에서 벌어지는 판다바 형제와 카우라바 형제 사이의 왕위 계승을 둘러싼 전쟁 이야기를 중심 소재로 하고 있다. 《마하바라타》는 오랜 세월 전수되는 동안 여러 가지 사상적 내용이 결합되어 현재 약 10만 송가량의 방대한 서사시 18편으로 구성되어 있다. 《기타》는 18권 중 6권에 포함되어 있으며 저자가 누구인지는 정확하게 알 수 없다.

《기타》는 힌두교에서 종파를 가리지 않고 가장 널리 읽히는 책으로서 긴 세월 동안 인도 사람들의 영적 생활에 가장 큰 영향을 준 경전이다. 《기타》는 힌두교 특정 학파의 이론을 보여 주는 것이 아니라 각 시대의 다양한 정신적, 사상적 전통을 종합하여 새로운 시각으로 인간의 영적 세계를 그리고 있다. 또한 《베다》나 《우파니샤드》가 특정 계급에게만 전수되던 비밀의 책이었던 것과 달리, 《기타》는 모든 계급에게 열려 있는 대중적인 책이었다.

인도의 정신적 지도자 중에서 《기타》에 대한 번역이나 해설서를 남기지 않은 사람이 없었고, 특히 인도의 위대한 지도자 마하트마 간디는 《기타》를 삶의 지침서로 삼고서 어려움과 시련이 닥칠 때마다 읽었다고 한다. 랄프 에머슨, 올더스 헉슬리, 헤르만 헤세, 카를 융 같은 서양의 유명한 소설가와 학자들도 《기타》를 자신의 삶과 작품에 반영했다. 특히 영국의 소설가 올더스 헉슬리는 《기타》를 "영원을 이야기하는, 세상에서 가장 빛나는 경전"이라고 극찬한 바 있다.

이처럼 《기타》는 인도뿐만 아니라 전 세계적으로 수많은 번역서와 해설서가 출간될 정도로 그 가치가 인정된 책이며, 나이, 성별, 지위, 종교와 상관없이 모든 사람들이 삶을 살아가는 데에 실질적인 도움이 되는 실천 방법을 전달해 주는 책이다.

2. 《바가바드 기타》는 요가와 어떤 관련이 있나?

《기타》에는 요가라는 말이 많이 나온다. 어원상 '함께 묶다', '단단히 잡아 두다'라는 의미를 가진 산스크리트어 동사의 어근에서 파생된 단어 요가(yoga)는 진짜 세계인 브라흐만을 깨달은 궁극적 상태를 지칭하기도 하고, 그 상태로 나아가기 위한 수행 방법을 가리키기도 한다. 요가는 《기타》 이전부터 인도 철학사에서 꾸준히 이어져 온 용어이다.

사실 요가의 전통은 마음의 발달 과정에서 외적 권위나 제례 등 형식보다는 개인적, 구체적인 체험을 중시한다는 데 있다. 즉, 요가는 깨달음에 이르는 마음의 변화 과정을 마음 밖에서가 아니라 개인의 마음 안에서 찾기 때문에 권위와 형식을 중시하는 인도의 종교적 전통에서 오랫동안 이단 취급을 받았다. 그래서 인도 철학의 역사를 정통 브라흐만교의 전통과 요가 전통 사이에서 일어난 갈등과 침투 과정으로 이해하기도 하는데, 그 가운데 《기타》는 요가 전통을 대표하는 경전이라고 할 수 있다.

인도의 가장 오래된 종교적 문헌은 《베다》이다. 이는 인도의 정통 브라흐만교의 제식주의가 사회에 영향을 미치고 종교적 의식이나 제사가 형식적으로 굳어져 있던 시대에 완성된 작품이었다. 처음에는 신에 대한 감사의 표시를 하거나 신의 은혜를 기원하는 목적으로 진행했으나 시간이 지남에 따라 지나치게 형식에만 치중하는 경향을 보였다. 이렇게 제사의 형식을 지나치게 중시하는 정통 브라흐만교와 달리 개인 내면의 깨달음을 중시한 사람들이 있었는데, 이들을 '요가를 수행하는 사람'이라는 의미에서 '요기(yogi)'라고 불렀다. 이들은 제사의 형식을 중요시하는 정통 브라흐만교에서는 환영받지 못했기 때문에 정신적 수행을 통해 얻은 비법을 비밀리에 전수하는 스승이 되었다. 이후 내면의 깨달음과 요기들에 대한 사람들의 관심이 점점 늘어남에 따라 정통 브라흐만교에서도 요가의 전통을 수용하고자 하는 움직임이 일기 시작했다.

한편 베다 시대의 끝 무렵에 등장한 《우파니샤드》에서 사람들은 제사를 드리는 것보다 제사의 의미를 탐구하는 것을 더 중요하게 생각했으며, 신이라는 존재를 제사라는 외적 형식 없이도 마음으로 숭배할 수 있는 존재로 인식하기에 이르렀다. '우파니샤드'는 산스크리트어로 '스승 가까이 앉아서 배운다'라는 뜻이다. 《우파니샤드》 철학의 가장 위대한 발견은 '브라흐만(진짜 세계)과 아트만(참자아)의 일치'라는 말로 표현한다. 브라흐만과 아트만이 일치한다는 것은 세계 속에 존재하는 신(브라흐만)과 내 마음속의 참자아(아트만)가 같다는, 즉 범아일여(梵我一如)를 의미하며, 아무런 종교적 형식이나 제례 없이도 인간은 각자 내면적인 노력만으로 신과 일치될 수 있음을 의미한다. 반면에 《베다》에서 신은 항상 인간과 동떨어져 존재하기 때문에 신으

146

로부터 구원을 얻으려면 신에게 희생과 제사를 바쳐야 했다.

《우파니샤드》의 '브라흐만과 아트만의 일치'라는 가르침은 이러한 형식적인 제사만으로는 구원을 보장받지 못한다는 것, 구원은 철저히 마음의 문제라는 것을 확실하게 주장한다. 이렇게 브라흐만이라는 특정 계급만 브라흐만이나 아트만에 이르는 것이 아니라, 깨달음을 얻고자 노력하는 사람이라면 누구든지 오를 수 있는 것이 되었다. 이러한 《우파니샤드》의 등장은 요가 전통의 영향 덕분이지만, 요가 전통의 관점에서 볼 때 《우파니샤드》는 《베다》 못지않은 한계가 있었다. 《베다》는 지나치게 형식을 중요시하는데 《우파니샤드》는 지나치게 개인의 내면, 즉 정신만을 중요시하기 때문이었다. 브라흐만과 하나가 되기 위해서는 외적인 형식과 내면적 깨달음 둘 다 중요하다. 하지만 이 두 가지만 있어서도 곤란하다. 요가의 관점에서 볼 때, 여기에 직접적 체험과 실천이 뒤따라야 한다.

기원전 6~7세기경부터 브라흐만 계급의 사회적 특권이나 《베다》의 종교적 권위를 인정하지 않는 불교와 자이나교와 같은 새로운 자유 사상적 운동이 일어나기 시작했다. 브라흐만교의 지도자들은 불교 같은 자유 사상적 운동에 대항하기 위해서 자신들의 전통을 여러 방면으로 변화시킬 필요를 느꼈다. 이러한 노력 가운데 무엇보다도 주목할 만한 것은 요가의 전통을 적극적으로 수용하여 체계적으로 발전시킨 점이다. 브라흐만교의 이러한 변화를 잘 반영한 문헌이 기원전 약 200년경에 완성된 것으로 추정되는 서사시 《라마야나》와 《마하바라타》다. 특히 《마하바라타》 안에 있는 《기타》는 요가의 전통을 가장 잘 반영한 문헌이다.

그 당시에는 시바 신, 비슈누 신, 바수데바 신, 크리슈나 신 같은 인격신을 숭배하는 '박티' 종교도 유행했다. 산스트리트어로 '공유하다, 경배하다, 존경하다, 사랑하다'라는 뜻의 동사 어근에서 파생한 명사 '박티'는 '신을 향한 숭배자의 헌신적인 심리 상태'를 가리키는 말이다. 박티 종교가 이때 처음으로 출현한 것은 아니지만 이 시기에 대중적인 신앙으로서 크게 번성했다. 《기타》에도 박티라는 말이 자주 등장하고 그 내용이 전반적으로 신을 숭배하는 신앙이라는 인상이 풍기는 것은 이러한 경향과 관련이 있다. 아르주나가 인격신인 크리슈나에 대한 사랑의 감정을 점진적으로 체험하다가 마침내 헌신과 사랑의 맹세로 끝나는 《기타》의 구성도 이러한 사실을 잘 뒷받침하고 있다.

그러나 《기타》가 여러 가지 종교적 경향 중에서 박티 종교만을 강조한다고 보거나 《기타》를 오로지 박티 종교의 관점에서 기술된 문헌으로 보는 것은 잘못이다. 앞에서 말한 바와 같이 《기타》는 박티 종교의 관점만을 받아들인 것이 아니라 그 이전의 종교, 철학적 관점을 모두 받아들였기 때문이다. 《베다》의 관점과 《우파니샤드》의 관점, 이외에 다양한 철학적 관점과 박티 종교의 관점까지 모두 흡수한

《기타》는 그 전체를 하나의 체계로 통합한다. 상호 이질적인 여러 관점을 한 체계 안에 통합한 《기타》의 관점을 가장 잘 드러내는 것이 바로 요가다. 요가에서 종교적, 이론적 차이는 중요하지 않다. 중요한 것은 종교적, 이론적 차이 이면에 어떤 동일한 목적이 있는가를 알고 그 목적에 도달하며 삶 속에서 실천하는 데에 있다.

이상에서 살펴본 바와 같이, 요가는 인도 철학사에서 수많은 세기를 거치는 동안 개인적인 정신적 깨달음을 위해 필요한 모든 요소들을 흡수하고 통합하여 형성된 개념이다. 이런 점에서 《기타》의 요가는 정신적 각성의 최고 경지를 가리키기도 하고, 거기 도달하기 위한 방법적 원리, 더 나아가 다양한 명상법이나 신체적 수련 방법 등을 가리키기도 한다.

현대 사회로 오면서 요가는 《기타》에서 말하는 요가와는 근본적으로 다른 의미로 변화했다. 현대 사회에도 《기타》에 제시된 것과 동일한 의미와 수준에서 요가 수행을 추구하는 사람들이 있겠지만, 대부분의 현대인들에게는 다이어트나 신체 건강을 위한 스포츠의 하나, 혹은 정신적인 안정을 찾기 위한 수양법으로 이해되기도 한다. 이때 정신적인 안정도 스트레스를 어느 정도 극복해 생활에 지장을 받지 않는 상태에 이르는 것을 의미한다. 물론 이러한 정신적 안정이 《기타》에서 말하는 요가의 상태와 완전히 다르다고 할 수는 없다. 다만 《기타》에서 말하는 정신적 안정 상태는 우리가 경험하는 현재의 세계와 다른 또 하나의 세계(브라흐만이나 아트만의 세계)와 관련된 것인 반면, 오늘날 말하는 정신적 안정 상태는 우리가 경험하는 실제적인 삶에 국한된 것이라는 점에서 차이가 있다.

3. 《바가바드 기타》는 어떤 메시지를 담고 있는가?

슬픔과 절망은 마음이 지어낸 가짜 모습이다

《기타》의 배경은 전쟁이다. 전쟁 배경을 어떻게 이해하는가는 《기타》의 전체 메시지를 파악하는 데 매우 중요하다. 어떤 사람들은 《기타》의 전쟁 배경에서 아르주나가 당면한 상황을 군인으로서의 의무와 가족에 대한 의무 사이에서 갈등하는 도덕적 딜레마 상황으로 해석하기도 하고, 인간의 내면에서 일어나는 선과 악의 싸움을 비유적으로 표현한 것으로 해석하기도 한다. 하지만 그보다는 '인간의 삶 자체' 즉 '인간이 삶을 살아가는 그 자체'를 가리킨다고 보는 편이 적절하다.

인간은 자신의 선택이나 의지와 상관없이 모든 것이 결정된 상태에서 이 세상에 태어난다. 개인은 어떤 국가, 어떤 지역, 어떤 가정에 태어날지에 대한 선택의 여지가 전혀 없으며, 외모, 건강, 성향 등 신체적·정신적 조건에 대해서도 마찬가지다. 나이가 들면 늙고 병들어 죽는 것도 피할 수 없으며, 태어나서 죽을 때까지 자신의 의지대로 할 수 있는 일조차 극히 드물고 오히려 온갖 억압과 부조리를 견디며 살아가야 한다. 가난과 각종 질병에 시달리기도 하고 다양한 관계 속에서 책임과 의무의 부담을 감수해야 한다.

이처럼 인간이 살아가는 모습은 전쟁 상황과 매우 닮아 있다. 전쟁에 참가하는 군인의 입장에서 볼 때 전쟁은 한번 시작되면 언제 끝날지 모른다. 전쟁에 참여한 군인은 전쟁을 스스로 끝낼 수 없고 싫다고 도망칠 수도 없다. 군인이 할 수 있는 것은 오직 주어진 임무대로 열심히 싸우는 것뿐이다. 인간은 이와 같이 언제 끝날지 모를 '전쟁 같은 삶'에 구속되어 각자의 위치와 상황에서 전쟁을 치르듯 살고 있다. 《기타》에서 친족과의 전쟁을 앞두고 이러지도 저러지도 못하는 아르주나가 당면한 상황은, 인간이 전쟁 같은 삶에 지쳐 절망에 빠진 순간을 극적으로 표현하고 있다.

이러한 아르주나에게 크리슈나는 "힘을 다해 나가서 싸워라!"라고 명령한다. 이는 삶이 말 그대로 불합리하며 잔인하기까지 하더라도 포기하지 말고 적극적으로 헤쳐 나가라는 의미이다. 전쟁에서 있는 힘을 다해서 싸우되 왜 싸워야 하는지, 어떻게 싸워야 하는지에 대하여 크리슈나는 다음과 같이 설명한다.

그대의 말은 그럴듯하다. 하지만 그대는 슬퍼할 이유가 없는 것을 슬퍼하고 있다. 지혜로운 사람은 산 자를 위해서도, 죽은 자를 위해서도 슬퍼하지 않는다. 그대와 나와 여기 모여 있는 왕들은 항상 존재하고 있었으며 앞으로도 영원히 존재할 것이다. 인간은 유년기, 장년기, 노년기의 몸을 차례로 거치고, 죽은 다음에는 죽은 다음의 몸을 입는다. 지혜로운 사람은 이런 변화에 현혹되지 않는다.

사람은 감각 기관과 감각 대상의 접촉에 의해 차가움과 뜨거움, 즐거움과 괴로움을 경험하지만, 이런 경험은 흘러가는 것이다. 일시적으로 왔다 갈 뿐이니 참고 견뎌야 한다. 이런 변화에 동요하지 않고 즐거움과 괴로움을 동일하게 여기는 사람이 진정 지혜로운 사람이며 영원한 생명을 얻기에 합당한 사람이다.

자기가 누군가를 죽인다고 생각하는 사람이나 누군가가 자기를 죽인다고 생각하는 사람은 둘 다 무지한 사람이다. 죽는 것도 죽임을 당하는 것도 없기 때문이지. 그대는 태어난 적도 없으며 죽지도 않는다. 그대는 결코 변하지 않는다. 태어나지도 않고 변하지도 않으며 태고부터 존재한 영원한 그것은 육체가 죽는다고 해도 죽지 않는다.

자기가 태어나지도 않고 변하지도 않으며 죽지도 않는 영원한 존재임을 깨달은 사람이 어떻게 다른 사람을 죽이거나 죽일 수 있다고 생각하겠는가? 낡은 옷을 벗어 버리고 새 옷으로 갈아입듯이 육체 속에 있는 참자아는 육신이 낡으면 낡은 몸을 벗어 버리고 새 몸으로 갈아입는다.

참자아는 칼로 벨 수 없고 불에 타지 않으며 물에도 젖지 않고 바람으로 말릴 수도 없다. 참자아는 영원하고 무한하며 움직이지 않고 영속한다. 참자아는 겉으로 드러나 있지 않으며 헤아릴 수 없으며 변하지도 않는다. 그대는 이런 사실을 깨닫고 슬픔에서 벗어나도록 하라.

아르주나는 전쟁에 참여해서 싸우면 친족들을 살해할 수밖에 없기 때문에 싸울 수 없다며 슬퍼하는데, 크리슈나는 "슬퍼할 이유가 없는 것을 슬퍼하고 있다."라고 반박한다. 왜냐하면 인간은 "태어나지도 않고 변하지도" 않고 "육체가 죽는다고 해도 죽지 않는" 영원한 존재이기 때문에 누군가를 죽이거나 누군가에 의하여 죽임을 당하는 일이 없으며 다른 사람을 죽이거나 죽일 수 있다고 생각하는 것 자체가 잘못이기 때문이다.

이러한 크리슈나의 설명은 아르주나가 전쟁에 참여하여 친족을 살해해도 된다는 의미가 아니라, 살아가면서 겪는 모든 일, 특히 엄청나게 충격적이고 절망적인 일들이 사실은 그냥 왔다가 지나가니, 그 때문에 슬퍼할 필요가 없다는 것을 의미한다. 인간이 살면서 가장 받아들이기 어려운 것이 죽음인데, 친족을 살해해야 하는 설정은 이러한 죽음마저도 슬퍼하고 절망할 필요가 없음을 말하기 위한 극단적인 설정이다. 다시 말해 크리슈나는 인간이 살면서 겪는 육체적 죽음이든 그 밖의 어떤 일이든, 모든 것이 지나가는 것인데 그로 인해 슬퍼하고 절망하는 것은 마음이 지어내는 '가짜 모습'에 속박되는 것일 뿐임을 강조한다.

욕망을 제어하여 진짜 세상을 향해 눈뜨라

크리슈나가 아르주나에게 전쟁터에 나가서 싸우라고 하는 것은 전쟁 같은 삶에 대항하여 싸우되, 마음이 지어내는 '가짜 모습'과 맞서 싸워 이겨서 삶의 '진짜 모습'을 보라는 의미이다. 《기타》에서 이러한 삶의 진짜 모습은 브라흐만이나 아트만이라는 용어로 표현한다. 인간은 모든 것이 결정되어 있고 끊임없이 변화하는 이 세상이 전부라고 생각하고 그러한 세상의 변화에 좌지우지되며 고통스럽게 살고 있다. 그런데 《기타》는 우리가 보고 느끼고 경험하는 세상은 가짜 세상이고 진짜 세상은 따로 있다고 말한다. 그렇다면 인간은 왜 가짜 세상만 보고 진짜 세상은 보지 못하는가? 진짜 세상을 볼 수 있는 참된 지혜는 왜 가질 수 없는가? 여기에 대해 크리슈나는 다음과 같이 설명한다.

불이 연기에 가려지고 거울이 먼지에 가려지며 태아가 자궁에 가려져 있듯이 참된 지혜는 욕망과 분노에 가려져 있다. 도저히 만족하지 못하는 이 욕망의 불길이 지혜를 가린다.

이기적인 욕망은 감각 기관과 마음과 지성 속에 뿌리를 내려 참다운 지혜를 덮어 어둡게 만든다. 그래서 사람들은 망상에 빠진다. 그러므로 아르주나여, 그대는 감각 기관을 제어함으로써 지혜와 분별력을 가리고 깨달음에 이르지 못하게 방해하는 적을 쳐부숴라. 힘을 다해 싸워라.

크리슈나의 설명에 의하면 진짜 세상을 볼 수 있는 눈을 가리는 것은 이기적인 욕망이다. 이기적인 욕망은 인간이 육체를 가지고 있는 한, 즉 육체라는 물질적 본성에 의존하여 살 수밖에 없는 한, 피할 수 없는 숙명이다. 《기타》에서 크리슈나는 인간이 가지고 있는 물질적 본성을 프라크리티라 부르고, 육체를 가진 인간에게 일어나는 모든 내적 작용, 예컨대 감각 능력, 자의식, 인지 능력 등이 프라크리티에서 비롯된다고 설명한다.

인간은 이러한 물질적 본성의 작용이 일어나는 대로 사는 데 안주하지 않고 그 작용을 확실히 알고 제어할 수 있을 때 참세상, 참자아를 깨달을 수 있다. 모든 인식 및 감각 작용이 프라크리티의 작용임을 깨닫게 되면 프라크리티의 작용 이면에 내재하면서, 프라크리티에 가려져 있던 푸루샤라는 정신적 본성이 드러나게 된다. 인간의 내면에는 프라크리티만 있는 것이 아니라 푸루샤도 있는데, 인간들은 푸루샤를 모른 채 오로지 프라크리티만 있다고 생각하고 그로 인해 일어나는 온갖 감정의 소용돌이에 좌지우지되면서 살아간다. 그 이유는 이기적인 욕망이 푸루샤의 환한 빛을 가리기 때문이다. 《기타》의 다음 구절은 이러한 프라크리티와 푸루샤의 관계와 작용을 설명한다.

프라크리티와 푸루샤는 둘 다 시작이 없다. 물질의 세 성질(밝은 기운인 삿트바, 활동적인 기운인 라자스, 어두운 기운인 타마스)과 변화는 모두 프라크리티에서 비롯된다. 프라크리티가 모든 행위의 원인이며 결과이며 행위자다. 하지만 모든 쾌락과 고통의 향수자는 푸루샤. 푸루샤는 프라크리티 안에 머물면서 프라크리티에서 비롯된 구나(기질)의 활동을 지켜보며 경험한다.

구나의 활동에 대한 집착이 선과 악이 세상에 탄생하게 된 원인이다. 육체 안에 머물고 있는 지고한 푸루샤는 지켜보는 자이며 인도하는 자다. 그는 향수하는 자이며 지탱하는 자다. 그가 곧 지고한 아트만이며 대 주재자다. 푸루샤와 프라크리티, 구나의 본성과 변화를 이해한 사람은 어떤 길을 선택했느냐와 관계없이 윤회의 굴레에서 벗어난다.

이처럼 프라크리티로부터 인간의 모든 내적 작용이 비롯된다면 인간들의 마음과 태도는 동일해야 할 텐데 사람마다 다른 이유는 무엇인가 하는 의문이 생긴다. 이를 설명하는 개념이 구나, 즉 기질이다.

구나에는 삿트바(밝은 기운), 라자스(활동적인 기운), 타마스(어두운 기운)라는 세 가지 속성이 있는데, 세 가지 속성의 배합에 따라 인간의 마음과 태도가 다르게 나타난다는 것이다. 《기타》의 다음 구절은 이 점을 설명하고 있다.

구나(물질적 본성)의 세 기운인 삿트바, 라자스, 타마스도 나에게서 비롯된 것이다. 그것들은 나에게 속하지만 나는 거기에 속해 있지 않다. 이 세 가지 기운의 상호작용으로 세상의 온갖 현상이 벌어진다.
사람들은 현상에 현혹되어 그 이면에 모든 것을 초월하여 존재하는 나를 알지 못한다. 이 세 가지 기운이 만들어 내는 환영을 헤아리기는 매우 어렵다. 그러나 나에게 귀의하는 자는 이 환영의 바다를 무사히 건널 수 있다. 나에게 귀의하지 않으면 환영에 현혹되어 악한 일을 행한다. 나를 믿는 마음은 조금도 없이 분별력을 잃고 낮은 차원의 본능적인 충동만을 따르며 멸망의 길로 간다.

현재의 삶에 충실한 것만이 진짜 세계에 도달하는 길이다

우리가 지금까지 삶, 또는 세상이라고 믿고 있던 것이 사실은 가짜이고 그것은 오로지 싸워서 이겨야 하는 대상일 뿐이라면 가짜인 삶 자체는 무가치한가? 그래서 되는대로 막살아도 되는가? 이기적인 욕심이 삶의 가짜 모습에 얽매여 진짜 모습을 가린다면 우리는 어떤 욕심도 부려서는 안 되는 것인가? 무엇인가 성취하려고 애쓰면 안 되는가? 세상의 모든 구별이나 차별은 마음이 지어내는 것일 뿐이고 원래 있는 것이 아니라면, 어떤 차이나 차별도 만들어서는 안 되는가? 다른 사람과 내가 달라지기 위해서, 과거의 나와 다른 현재의 나, 그리고 현재의 나와 다른 미래의 나를 만들기 위해서 노력할 필요가 없는 것인가?

이러한 질문들에 《기타》는 무엇인가를 성취하려고 애써도 되고, 누군가를 이기려고 욕심내도 되며, 과거·현재·미래에서 나를 발전시키기 위해 끊임없이 애써도 된다고 대답한다. 아르주나가 군인으로서의 의무를 저버리려고 할 때 크리슈나가 그래서는 안 된다고 한 것도 같은 의미이다.

우리에게 있는 것은 현재의 삶뿐이다. 그게 없다면 진짜 삶도 없다. 다만 현재의 삶을 어떻게 사는가가 중요하다. 《기타》는 현재의 삶을 떠나 다른 방법으로 진짜 삶에 도달할 수 있다는 것이 아니라, 진짜 삶에 도달하는 방법은 오로지 현재의 삶 속에서, 그것을 통해서만 가능하다고 말하고 있다. 그 방법이 바로 즈냐나 요가, 카르마 요가, 박티 요가다.

크리슈나는 주어진 삶을 가치 있게 생각하고 열심히 살아야 한다고 말한다. 살아가면서 무엇인가를 성취하기 위해 애써도 되고 누군가를 이기려고 욕심내도 되며 과거·현재·미래에서 나를 발전시키기 위해 끊임없이 노력해도 된다. 다만 강조하는 것은 어떤 경우에도 결과에 대해서는 생각하지 말고 행하라는 점이다. 즉, 행위를 하되 행위의 결과에 대한 집착을 버리고 행하라는 것이다. 이것이 곧 카르마 요가다. 《기타》의 다음 구절은 이 점에 대해 설명하고 있다.

내가 예전부터 말했듯이 영혼의 순수함에 이르는 길은 두 가지가 있다. 영적인 지혜를 추구하는 즈나나 요가와 이기적인 욕망이 없는 행위를 추구하는 카르마 요가가 그것이다.

단순히 행위를 포기한다고 해서 영적인 자유를 얻는 것은 아니다. 행위를 포기하면 그 누구도 완전함에 이르지 못한다. 단 한순간이라도 아무런 행위를 하지 않을 수 있는 사람은 없다. 누구나 자신의 본성, 즉 타고난 기운에 따라 끊임없이 행위하게 되어 있기 때문이다. 마음은 끊임없이 감각의 대상을 좇으면서도 겉으로는 아무런 행위를 하지 않는 사람은 자신을 속이는 사람이다. 그러나 마음으로 모든 감각 기관을 통제하면서 감각 기관의 활동을 이기적인 욕망이 없는 행위에 쓰는 사람은 진실로 뛰어난 사람이다.

그러니 아르주나여, 그대의 의무를 행하라. 행위를 하는 것이 아무것도 하지 않는 것보다 훨씬 낫다. 아무것도 하지 않으면 그대는 그대의 육신조차 지탱하기 어려울 것이다.

모든 행위를 신께 제물을 바치듯이 아무런 대가를 바라지 않고 행하라. (…) 그러면 신들도 그대를 사랑으로 보살펴 줄 것이며 이런 섬김과 사랑을 통해 그대는 가장 높은 선에 도달할 것이다.

모든 일을 열심히 하되 결과에 대한 집착을 버리는 것은 말처럼 쉽지 않다. 예컨대 좋은 대학에 들어가려고 열심히 공부하는 학생이 시험을 잘 보고 싶은 욕심이나 실패에 대한 걱정 없이 오직 공부만 열심히 하는 것은 불가능하다. 그런데도 《기타》에서 크리슈나는 평소에 끊임없는 노력과 연습을 통해서 그렇게 되도록 해야 한다고 말한다. 그 일이 무엇이든 결과에 대한 집착을 버리고 열심히 하기만 하면 되는 것도 아니다. 열심히 하는 행위 자체가 올바른 행위여야 한다. 따라서 자신의 행위가 올바른 행위인지 아닌지 판단할 능력을 갖추는 노력도 함께 기울여야 한다. 올바른 판단력을 갖추기 위해서는 자신의 마음을 갈고닦는 노력이 필요하다. 그렇기 때문에 《기타》는 카르마 요가 말고도 지혜의 요가인 즈나나 요가에 대해 말한다.

아르주나여, 지혜를 제물로 바치는 것이 어떤 물질을 제물로 바치는 것보다 낫다. 모든 행위는 지혜로 완성된다. 깨달음을 얻은 스승에게 다가가 겸손한 마음으로 삶의 진리를 물어보라. 일단 진리를 깨달으면 만물이 아트만 안에 있으며 모든 것이 내 안에 있음을 알게 될 것이다.

아르주나여, 아무리 죄가 많은 사람들이라도 지혜의 배를 타고 죄악의 바다를 건널 수 있다. 활활 타오르는 불길이 장작을 재로 만들듯이 지혜의 불은 모든 행위를 재로 만든다. 영적인 지혜의 불만큼 마음을 깨끗하게 정화하는 것은 이 세상에 없다. 믿음을 지니고 감각을 절제하여 지혜를 얻는 것에 전념하는 자는 오래 걸리지 않아 지혜를 얻고 완전한 평화에 들어간다.

카르마 요가와 즈냐나 요가를 통해 참자아를 어느 정도 깨닫고 나서도 참자아를 깨닫기 위한 노력은 쉴 수 없다. 왜냐하면 육체를 가지고 살아가는 인간인 한, 한순간도 이기적인 욕망에서 벗어날 수 없기 때문이다. 참자아를 깨닫기 위한 노력은 살아 있는 한 한순간도 멈춰서는 안 된다. 참자아를 깨닫기 위해 믿음을 가지고 평생 헌신해야 함을 말하는 것이 박티 요가다. 《기타》에서는 다음과 같이 박티 요가를 설명한다.

순수한 믿음으로 나에게 집중하고, 흔들리지 않는 헌신의 길을 가는 것이 가장 완벽한 요가의 길이다. (…) 나만을 목표로 삼고 모든 행위를 나에게 바치는 제물로 여기는 사람, 한마음으로 나를 명상하며 나에게 헌신하는 사람은 태어남과 죽음이 반복되는 윤회의 바다를 쉽게 건널 수 있다.

그러니 아르주나여, 마음과 생각을 다하여 나에게 몰두하라. 그러면 영원토록 나와 하나인 상태에 머물 것이다. 나에 대한 집중이 완벽하게 이루어지지 않는다면 다른 수행을 규칙적으로 하라. 규칙적인 수행에 대한 의지마저 부족하다면 나를 위한 행위를 최고의 목표로 삼아라. 나를 위한 행위를 통해서도 완성에 이를 수 있다.

이상의 내용을 통해 알 수 있듯이 즈나나 요가는 초월적인 실재에 정신적으로 직접 도달하고자 하는 방법으로, 몸을 가지고 있는 사람으로서 눈에 보이지 않는 진리를 찾는 매우 어렵고 시간이 오래 걸리는 방법이다. 반면 카르마 요가는 일상 속에서 누구나 실천할 수 있는 방법이라고 할 수 있다. 그러나 즈나나 요가도 삶 속에서 드는 온갖 잡다한 생각, 잡념들을 의도적으로 멈추고 자신의 인식 속에 나타나는 온갖 구별과 차별들을 다시 생각해 보고, 다른 것에 열린 마음을 가지려는 노력을 통해 실천할 수 있는 방법이다.

그렇다면 박티 요가는 어떤가? 이는 말 그대로 순수한 믿음으로 마음을 실재에 집중하고 흔들리지 않는 헌신의 길을 가는 것을 의미한다. '실재에 대한 믿음을 가지고 헌신한다'는 것은 무슨 뜻인가? 그것은 실재에 도달하고자 하는 노력이 특정 시기, 특정 장소에서만 일회적으로 혹은 간헐적으로 이루어져서는 안 되고 전 생애를 통하여 흔들림 없이, 끊임없이 이루어져야 함을 의미한다. 즉, 노력 자체가 삶이 되도록 해야 한다는 것이다. 그러려면 현재 주어진 삶과 세상은 모두 가짜이고 진짜는 따로 있다는 믿음이 있어야 한다. 하지만 언제나 이런 믿음을 유지하는 것은 결코 쉽지 않다.

진리를 향한 수행으로 생을 보내고 다가올 진짜 세상을 맞이하라

흔히 종교에서 말하듯이 진짜 세상은 현세가 아니고 우리가 죽어서 갈 천국이라고 말한다면, 그것은 상대적으로 쉬울 수도 있다. 그러나 현재 여기의 현상적 삶은 가짜이고 그 이면에 실재적 삶이 존재하는데 거기 도달하기 위해 끊임없이 노력해야 하고 이러한 노력이 전 생애를 거쳐 이루어져야 한다면, 이를 믿고 따를 사람은 그리 많지 않을 것이다. 아마도 가끔씩, 한두 번이나 잠깐은 그렇게 생각할 수 있을 것이다. 그러나 살아가면서 한순간도 이러한 사실을 잊지 않고 실천하기란 현실적으로 매우 어렵다.

이렇게 보면 결국 즈나나 요가, 카르마 요가, 박티 요가는 각각 다른 별개의 방법이라기보다는 깨달음에 이르는 하나의 길이라고 할 수 있다. 즈나나 요가, 카르마 요가, 박티 요가를 통해 《기타》가 말하고자 하는 것은 실재에 도달하기 위한 노력을 기울여야 할 특별한 시기, 특별한 방법이 있는 것은 아니고, 시작도 끝도 없이 삶 그 자체가 깨달음에 이르는 수행 과정이 되게 해야 한다는 것이다. 삶 속에서 자신에게 주어진 의무에 최선을 다하면서 살되, 결과에 마음을 두지 않으려고 노력하고 실제 그러한 마음이 되도록 해야 한다. 또한 자신의 마음이나 인식에 홀연히 일어나는 모든 생각은 절대적인 것이 아니라 마음이 지어낸 허상에 불과하므로 그 자체를 중요시하지 말아야 하고, 내가 살고 있는 지금의 삶, 시시각각으로 펼쳐지는 삶의 장면들은 진짜가 아님을 굳게 믿으면서 그 믿음에 헌신하며 살아야 한다.

인간의 삶은 모든 것이 결정되어 있고 온갖 조건에 구속되어 있다. 하지만 결정된 조건들 속에서 세 가지 요가를 얼마나 진정성 있게 실천하며 살아가는가에 따라 진정한 자유를 쟁취할 수도 있고 그렇지 않을 수도 있다. 여기에서 자유를 쟁취한다는 것은 전쟁이 끝남을 의미하는 게 아니라 전쟁에 대한 태도 변화를 의미한다. 삶이라는 전쟁은 결코 끝나지 않으며 끝날 수도 없다. 다만 《기타》의 가르침대로 살아간다면 전쟁에 휘둘리지 않고 살아갈 수 있을 뿐이다. 삶의 전쟁은 영원히 끝나지 않으며 끝나기를 바라서도 안 된다. 전쟁에 대한 태도 변화를 통해서 획득한 자유는 전쟁에서 벗어난 자유가 아니라 전쟁의 끝은 없다는 사실을 깨달음에서 오는 자유다. 이러한 자유를 쟁취한 사람의 모습을 《기타》는 다음과 같이 기술한다.

아무도 미워하지 않고 누구에게나 친절하고 자비로운 사람, 나 또는 나의 것이라는 생각이 없으며 고통과 기쁨에 동요되지 않고 모든 것을 평등하게 바라보는 사람, 어떤 상황에나 만족하며 자신을 제어하고 굳은 믿음을 가진 사람, 마음과 생각 전체를 기울여 나에게 몰두하는 사람, 나는 이런 사람을 사랑하며 이런 사람이 나의 가장 가까운 친구다. 이런 사람은 세상을 혼란스럽게 하지 않으며 세상 또한 이런 사람을 흔들지 못한다.

기쁨, 경쟁심, 두려움, 열망에서 멀리 벗어난 사람, 이런 사람은 나에게 사랑스러운 존재다. 무슨 일을 하든 결과에 집착하지 않고 행하는 순수한 사람, 무슨 일을 하든 일에 얽매이지 않고 욕망에서 벗어나 행하는 사람을 나는 사랑한다. 이런 사람이 나에게 헌신하는 자이며 나는 이런 사람을 사랑한다. 기뻐하지도 미워하지도 않으며, 슬퍼하지도, 무언가를 원하지도 않으며, 좋고 나쁨을 떠나 마음이 오직 나에게만 향하는 사람, 이런 사람을 나는 사랑한다.

원수와 친구, 존경과 멸시를 하나로 보며 추위와 더위, 즐거움과 괴로움을 동일하게 여기는 사람을 나는 사랑한다. 비난과 칭찬을 동일하게 여기며 침묵하고 어떤 상황에도 만족하는 사람, 아무런 집착 없이 마음이 확고부동한 사람, 나는 언제 어디서나 나만을 바라보는 이런 사람을 사랑한다. 그러나 지금까지 말한 이 영원한 진리에 마음을 모으고 나를 삶의 목표로 삼고 온전한 믿음으로 따르는 사람은 나에게 누구보다도 사랑스러운 존재다.

하지만 이러한 《기타》의 메시지는 삶이 고통스러워 거기서 벗어나고자 하는 사람들에게는 전혀 위안이 되지 않을 수도 있다. 어떻게 하면 삶의 고통에서 벗어날 수 있는가를 묻고 있는데, 《기타》는 고통스러운 삶에서 벗어나기 위한 방법은 오로지 그 고통스러운 삶을 견디는 것뿐이며 견디더라도 어떤 보상도 바라서는 안 된다고 대답하기 때문이다. 하지만 《기타》는 살아가면서 당면하게 되는 어려움이나 고통을 견디되 어떻게 견디면 다른 삶이 열리는지, 그 방법을 제시하고 있다. 삶에서 일어나는 모든 일들은 설사 그것이 벗어나고 싶은 고통일지라도 버릴 것이 없으며, 그 모든 것이 진짜 세계로 가는 길을 열어 주는 계기가 될 수 있다는 것, 고통스러운 삶은 벗어날 수 없고 죽을 때까지 견뎌야 하는데 그것을 어떻게 견디는가에 따라 각자의 삶이 달라질 수 있음을 강조하고 있다.

《기타》가 말하는 대로 참자아를 깨닫기 위해 노력하면 무엇이 좋은가? 왜 그렇게 해야 하는가? 그렇게 하지 않아도 잘 먹고 잘 사는 사람들도 많은데 나만 손해를 보는 것은 아닌가?

인간은 각자 나름대로 결정된 삶을 살아간다. 결정되어 있다는 것은 자유롭지 못하다는 것을 의미한다. 마음대로 할 수 없는 것이 많아 속상하고 힘들고 고통스럽게 살아가게 된다. 《기타》는 모든 것이 결정되어 있는 삶으로부터 어떻게 자유로워질 수 있는가에 관심을 가지고 열심히 마음을 갈고닦으라고 강조한다. 여기에서 남과의 비교는 아무런 의미도 없다. 만약 자꾸만 남과 비교하는 생각이 든다면 그러한 생각을 마음에서 지워 버리는 노력을 해야 한다.

그렇다면 건강한 육체를 가지고 부유한 집안에 태어난 사람처럼 좋은 조건이 결정된 사람은 《기타》가 말하는 노력을 할 필요가 없는 걸까? 모든 것이 결정되어 있다는 사실, 시시각각으로 변하는 마음을 가지고 살아간다는 사실 때문에 인간의 삶은 예외 없이 고통스럽다. 물론 특별히 나쁘게 결정되어 있는 삶을 사는 사람은 좋게 결정된 삶을 사는 사람들보다 힘들게 살아갈 수밖에 없을 것이다. 그러나 《기타》는 나쁘게 결정된 삶도 노력으로 극복할 수 있고, 그다음에는 힘들었던 만큼 새로운 세상이 열린다고 말한다. 그렇다고 믿어야 하며 믿고 나면 다른 세상이 열릴 수 있다고 말한다.